管理研究方法丛书

Research Methods

组织管理十大经典理论

解读与应用

◎ 徐世勇 著

Ten Theories in the Field of Organization and Management

Interpretation and Application

中国人民大学出版社

·北 京·

前言 Preface

学者们目前比较普遍的共识是，从理性的角度总结提炼中国改革开放40年的发展经验是做出理论贡献的重要时机，也是提高理论自信的重要途径。那么，如何具体落实这个想法呢？笔者认为这就要回答理论是什么、理论长什么样子、以往的理论是如何开发出来的等这些基本问题。正如我们在《管理与组织研究必读的40个理论》译者序中所说的“要想知道梨子的味道，就要亲口尝一尝”，中国的学者如果想要做出真正的理论贡献，就要近距离地触碰理论、思考理论、评断理论。

当然，这个过程也充满了争论与吵嚷，其中有两个争论值得我们关注。其一，怎样才能使我们的研究成果更能反映中国组织管理的实践。其二，怎样才能使我们的研究成果更具有思想的洞察力和穿透力，而不仅仅是证明一些众人皆知的常识。

以上争论都绕不开一个话题，如何使自己的研究在理论上更有贡献。这些争论体现了中国学术群体在研究进路上的一个转变，或者说是进步，即由“术”的阶段向“道”的阶段转化。当然，笔者认为，中国学者在组织管理领域国际化完成的标志不是掌握了“术”的内容和“道”的内容，而是在前两个阶段积累的基础上，提出自己的、可与国际学者进行对话的思想与理论体系。也就是习近平总书记在哲学社会科学工作座谈会上所强调的：“国外哲学社会科学的资源，包括世界所有国家哲学社会科学取得的积极成果，这可以成为中国特色哲学社会科学的有益滋养。要坚持古为今用、洋为中用，融通各种资源，不断推进知识创新、理论创新、方法创新。”

按照笔者的判断，目前我们正在步入“道”的学习与创造阶段，也就是掌握和吸收西方组织管理领域经典与前沿理论，然后在此基础上提出和开发新的理论的阶段。之前笔者和李超平教授组织翻译与编写的《管理与组织研究必读的40个理论》《管理与组织研究常用的60个理论》两本书尽管包含的理论很多，但仅仅起到了手册查询的作用，很难使大家详细地了解理论的细节，以及理论对于论文写作的价值，这对于总结理论开发的规律性很不够。为此，在本书中笔者根据自己的学术研究和教学经验，从组织管理领域中选取了10个仍然活跃于学术争论前沿的理论进行了介绍、分析与评价。

需要说明的是，并不是说只有这10个理论在组织管理理论中重要，而是笔者本人的能力和精力实在有限，再加上时间所限，目前只选取了这10个理论。以后若可以不断补充和完善新的理论，那也将是一桩美事。

对于这10个理论的处理方式，具体方法步骤是：第一，寻找与反复阅读该理论提出时的出处文献；第二，寻找与反复阅读对该理论进行评述的重要文献；第三，阅读与分析利用该理论进行实证研究的文献；第四，对该理论进行系统分析与评价，特别是详细分析其在学术研究中的应用边界，及其不足与局限性。

本书除了绪论之外，共分为10章，这10章都采用了同样的结构。

第一部分，理论产生的背景。设置这个模块有两个原因：首先，每个理论都是对组织管理领域某个方面的认识，如果不介绍它所处的理论环境，我们很难理解该理论产生的原因和存在的必要性。比如资源保存理论，在其之前有大量关于压力管理的理论解释，如果不详细介绍这些背景，很难说清楚资源保存理论存在的价值。其次，了解理论产生的背景可以增强理论开发的敏感性，帮助我们意识到在什么情境下会有新理论产生。在介绍这些理论的产生背景时，笔者尽力分析了该理论与相关理论的关系。当然，这些背景介绍也让笔者认识到任何理论的产生都是思维的结果，而不是深入实践的结果。

第二部分，理论的主要内容。这个部分主要介绍理论中的重要概念，以及概念之间的因果关系。

第三部分，理论在论文写作中的应用。设置这样一个模块主要是基于这样一项现实的考虑：在当前的实证研究中，理论往往用来支持论文中的研究假设（即研究的理论依据），这往往是当前组织管理论文中最难写的部分。为此，我们从已经发表的论文中摘录了每个理论被作为研究框架或理论依据时的论证过程，以帮助读者更加深入地理解该理论，增加应用该理论的间接经验。

实际上，笔者常对现在管理学论文的结构困惑不已。大部分核心期刊的论文结构基本包括两个内容：第一，依据现有理论框架进行逻辑推演构建模型；第二，通过测量工具、抽样、数据分析等操作来验证假设模型。如果通过检验，就代表模型成立了。正如我们上文论述的，仅构建和验证模型并不能帮助我们形成完整的理论，它至多告诉了我们一个确定要发生的事实而已。如此一来，现在的论文如何提供新知识？如何提出新理论？如何做出理论贡献？这些是开放性的问题，仅在这里顺带提出来供读者思考。

需要特别说明的是，学术研究的本质是理论创新。但遗憾的是，本书并不能直接告诉读者如何在做研究、写论文时做到这一点。简单来讲，本书可能会帮助读者解决两个问题：第一，了解这10个理论产生的历史背景、来龙去脉，以及这10个理论的内核与潜在不足。第二，在第一点的基础上，了解如何利用这10个理论来推导自己的假设。仅此而已。

第四部分，对理论的评价与反思。这个部分对理论的核心内容、优点、不足，以及论文写作中的注意事项做了简单的总结与评价。

本书完成获得了多方的鼓励和帮助，成书之际回想起这些，感激之情溢于言表。感谢中国人民大学劳动人事学院，笔者的体会是，只要你有自己的想法，同时也足够自律和勤奋，学院宽松而自由的学术气氛总能够让你去实现理想，因此要特别感谢曾湘泉、杨伟国两位院长为学院打造的这种可贵的环境。感谢孙健敏、彭剑锋、周文霞、张丽华、文跃然、石伟、章凯等前辈的支持和帮助，他们学养深厚、精于实践，聆听这些教授的讲座与观点使我受益终身。感谢苏中兴、李育辉、刘松博、刘军、王青、宋继文、王桢、骆南峰等同事，他们学术思想新颖、锐意进取，这时时刻刻启发、激励着我不断前进。

特别是要感谢李超平教授。我们两人的办公室相邻，经常在一起讨论学术问题，并且非常愉快地合作完成了《管理与组织研究必读的40个理论》《管理与组织研究常用的60个理论》这两本书的组织翻译和编写工作。目前，这两本书在国内学术界产生了较大的影响。本书从写作时间上来说尽管早于以上两本书，但迟迟不能完成。其间，超平教授给予笔者很大的鼓励。超平教授思维深刻而敏锐，这使他能够对学术发展的大趋势洞若观火，因此总能抓住核心问题的要害一击而中。这非常值得笔者借鉴与学习。

感谢出版社的于波副总编辑、熊鲜菊分社长、谷广阔编辑。近年来，我们时有合作，他们高效、专业、贴心的工作风格经常让笔者感动不已，出版本书时这些特点更是得到了完美体现。

本书的书写断断续续经历了4年时间。虽然投入了大量的时间与精力，在写作的过程中也力求不出纰漏，并经过多次修改，但错误和不当之处难以避免。另外，由于篇幅有限，每章只列出了主要参考文献，未全部列出。如果您有任何问题，欢迎与笔者联系，电子邮箱：xusy@ruc.edu.cn，感谢您的支持与厚爱！

徐世勇

于中国人民大学求是楼

目 录 Contents

绪 论 **如何认识理论** // 001
一、客观世界与主观世界 // 001
二、理论及与其有关的概念族 // 002
三、判断理论好坏的四个标准 // 006
四、理论与实践的关系 // 010
五、理论开发的两个特征 // 011
主要参考文献 // 012

第 1 章 **是时势造英雄，还是个性决定命运——特质激发理论的回答** // 013
一、特质激发理论产生的背景 // 014
二、特质激发理论的主要内容 // 015
三、特质激发理论在论文写作中的应用 // 018
四、对特质激发理论的评价与反思 // 025
主要参考文献 // 026

第 2 章 **是心随境转，还是禀性难移——社会信息加工理论的选择** // 027
一、不破不立——社会信息加工理论产生的背景 // 027
二、社会信息加工理论的主要内容 // 032
三、社会信息加工理论在论文写作中的应用 // 035
四、对社会信息加工理论的评价与反思 // 038
主要参考文献 //038

第 3 章 **态度能够决定一切吗——情感事件理论的回答** // 039
一、“工作态度”的定义与生成——情感事件理论产生的背景 // 039
二、情感事件理论的主要内容 // 043

三、情感事件理论在论文写作中的应用 // 047
四、对情感事件理论的评价与反思 // 052
主要参考文献 // 053

第 4 章 **因擅长而喜欢，还是因喜欢而擅长——计划行为理论的视角** // 054
一、计划行为理论的缘起——还是要从态度说起 // 054
二、计划行为理论的主要内容 // 056
三、计划行为理论在论文写作中的应用 // 058
四、对计划行为理论的评价与反思 // 064
主要参考文献 // 065

第 5 章 **公平总是那么重要吗——不确定管理理论的回答** // 067
一、不确定管理理论的起源——从公平说起 // 068
二、人们何时（when）关心公平——不确定管理理论的看法 // 071
三、不确定管理理论在论文写作中的应用 // 072
四、对不确定管理理论的评价与反思 // 076
主要参考文献 // 077

第 6 章 **我们为什么会“压力山大”——资源保存理论的解释** // 079
一、资源保存理论产生的背景 // 079
二、资源保存理论的主要内容 // 082
三、资源保存理论在论文写作中的应用 // 085
四、对资源保存理论的评价与反思 // 090
主要参考文献 // 091

第 7 章 **徘徊在魔鬼与天使之间——道德补偿理论对个体行为的解释** // 092
一、道德补偿理论产生的背景——道德选择的理性与直觉性 // 092
二、道德补偿理论的主要内容 // 094
三、道德补偿理论在论文写作中的应用 // 095
四、对道德补偿理论的评价与反思 // 100
主要参考文献 // 101

第 8 章 **人力资源管理如何能够促进企业绩效——AMO 模型的回答** // 102
一、AMO 模型产生的背景 // 102
二、AMO 模型的主要内容 // 104
三、AMO 模型在论文写作中的应用 // 107
四、对 AMO 模型的评价与反思 // 114

主要参考文献 // 115

第 9 章 **空气与翅膀哪个能让鸟儿飞起来——资源基础观的选择** // 116
一、片面深刻所引发的强烈反弹——资源基础观产生的背景 // 116
二、资源基础观的主要内容 // 117
三、资源基础观在论文写作中的应用 // 121
四、对资源基础观的评价与反思 // 127
主要参考文献 // 128

第 10 章 **企业做好自己就能成功吗——资源依赖理论的答案** // 130
一、资源依赖理论产生的背景——对环境作用的重视 // 130
二、资源依赖理论的主要内容——四个概念、八个观点 // 131
三、资源依赖理论在论文写作中的应用 // 135
四、对资源依赖理论的评价与反思 // 141
主要参考文献 // 142

后 记 **我们是否应该改变现有学术活动的“游戏规则”** // 143

绪 论

如何认识理论

对理论的探讨并不是新鲜的话题。早期比较著名的关于理论的论断来自心理学家库尔特·勒温，他曾经说过：没有什么比一个好理论更实际的了。从那时起，对于什么是理论，理论的功能是什么，这些探讨一直没有停止过。笔者也打算借着绪论来分析一下目前比较主流的相关认识。当然，本书无意对这个问题展开系统全面的探讨，仅限于介绍与分析 10 个理论以及一些管窥之见。

理论的功能是什么？在讨论这个问题之前，我们先做一些必要的铺垫。

一、客观世界与主观世界

现代科学研究都有一个共同前提，那就是法国哲学家笛卡儿提出的所谓二元论观点，该观点认为宇宙中有两个不同实体——心灵与外在世界，前者称为主观世界，后者称为客观世界。我们认为，二者是互相定义的，即所谓主观世界就是非客观世界，所谓客观世界就是非主观世界，这听上去有点儿不严肃，但确实构成了研究活动的基本前提。

道理很简单，从事过研究的人，无论是自然科学还是社会科学领域的研究者，都遇到过研究结果与研究设想（研究假设）不一致的情况，这说明二者并不是完全相同的范畴，即客观世界是独立于人的主观意识之外的存在物，它是不以人的主观意识为转移的。这恰恰带来了研究活动存在的必要性，假如人类所想总能毫不费力、毫无例外、毫无波折地变成现实，那么研究活动就没有存在的必要了，这种主、客观的区分方法也就没有存在的必要了。

显而易见，笛卡儿的这种二元论的区分方法与中国传统上所讲的“天人合一”思想是完全对立的。在笔者看来，“天人合一”可以看作主观世界与客观世界相融合的状态，这种状态需要主观世界与客观世界达到一致。在排除了超自然力量存在的可能性的情况下，一个特定的人在特定的时空中，其主观世界有可能与客观世界达到了一致，进而产生了某种融合的状态与感受，这即所谓的天人合一。

需要说明的是，从社会科学的角度来讲，客观世界并不仅仅包括星球、土壤、河流、高山、磁场、分子、原子、血液、DNA 等物理存在物，也包括人类自身的心理与行为。比如，工作满意度是基于人的认知和情感而建立起来的一个具有心理学含义的概念，属于人们的主观感受。但当研究者分析某个特定群体的工作满意度时，它是独立于研究者主观世界之外的一个存在，因此也应属于客观世界的范畴。

既然客观世界与主观世界是不同的，那么二者就是风马牛不相及的吗？当然不是，二者存在着密切的关联，所谓主观活动是客观世界运行规律的反映，没有客观世界，也就没有了主观世界。在心理学研究中，有一个著名的感觉剥夺实验，这个实验说明，如果没有客观世界的刺激，人类的意识都会慢慢枯萎。

那么，主观世界是客观世界在镜子中的映像吗？当然也不是。将二者做一个比较，我们会发现：客观世界是丰满的，主观世界是骨感的；客观世界是连续的，主观世界是离散的；客观世界是先于秩序的，主观世界是趋向于秩序的。一个常见的例子，客观世界中根本不存在符合几何学定义的圆形，但我们会把很多物体，如月亮、太阳、圆盘等，都看作圆形的。类似地，世界上也不存在“工作满意度”这个实体，但工作者对其工作的感受确实是客观存在的，也是千差万别的，而且是不断变化的，人们将工作者的这种感受提炼出来，并将之命名为“工作满意度”。

为什么会有这样的差别呢？我们认为，是人类的抽象提炼能力，以及人类语言功能的帮助，最终导致了主、客观世界的不同。正因为有了抽象提炼能力，我们才知道了一切圆形物体都有 360 度，我们才能够知道无论什么样的工作感受，都有情感和认知两种要素，也就是工作满意度的基本维度。

另外一个非常值得注意的现象是，语言在研究中起到了多重作用。正因为有了语言，我们才得以对主观世界和客观世界的存在物进行命名，但与之相对应的一个副作用是，任何一种命名都伴随着某种程度的抽象表达，而非存在物本身。比如“桌子”这个词，它指称了世界上无数个被称为“桌子”、具有某种共同特征但实际上却千差万别的物品。

二、理论及与其有关的概念族

我们扯远了吗？一点儿都不远，理论就属于主观世界的一个重要范畴，它也具有这种抽象性的特征。通过理论，人类试图揭示客观世界运行的规律。当然，在研究者的主观世界里，并不只有“理论”这一个名词，“概念”“变量”“命题”“假设”“模型”“概念性框架”都属于主观意识世界的范畴。在这里我们将一一说明。

（一）概念与变量

所谓概念，是指一类事物的共同属性在人们头脑中的主观反映。或者说，是一些具体的事物（或者是一组现象）共同属性的总和。这些属性规定了某概念所指称的事物（现象）异于其他概念所指称的事物（现象）。对于这个问题，大家可以阅读第 4 章的内容，Martin Fishbein 给出了比较系统的回答，此处不再重复。

需要说明的一点是，当我们表述概念时，离不开词汇。词汇不能等同于概念本身，它只是表达概念的某种工具而已，词汇发生了变化，并不意味着概念本身发生了变化。比如中国人和美国人都吃同一种水果，在中国叫“梨子”，在美国叫“pear”。而对于聋哑人来说，他们通过某个手语动作来表达“梨子”这个概念。这听上去没什么大不了的，但对于初入研究领域的人来说至关重要，因为他们更容易被一些新颖、时髦的词汇所迷惑，却没有意识到这些词汇所指称的含义在多年前早已被其他学者讲透了。也就是说，这些词汇的出现对于人类的知识体系并没有增益。

讲明了什么是概念，变量就比较容易讲清楚了。简单来讲，可以量化的概念，我们就可以称之为变量。如年龄、学历、工作满意度等都可以量化，因此我们既可以说它们是概念，也可以说它们是变量。

（二）命题与假设

那么命题是指什么呢？所谓命题是对两个或者两个以上概念之间关系的陈述与判断，命题都是非真即伪的陈述句，而不是感叹句或者是疑问句。

按照逻辑学的分类方法，有一种类型的命题叫作假言命题，还有一种叫定言命题。假言命题陈述两个概念之间的影响作用与关系，比如“管理手段促进了组织绩效”“战略管理促进了组织绩效”。定言命题也涉及两个概念的关系，但它采用了一种直接的、无条件的方式对某一个概念的性质进行描述。比如，“管理是一种实践”，其中包含了“管理”“实践”两个概念，以及对二者的关系的陈述。再比如“管理是一门手艺”“管理是一门艺术”“管理既是技术也是艺术”。这些陈述都是非常有趣的论断，反映了陈述者的某种信念和看法。

当前，定言命题在我们组织管理类的实证研究中很少出现，但这类命题其实对于理论研究非常重要，它代表了对某事物的属性和特征的判断，往往具有启发性。在下文关于理论的论述中，我们马上就会看到其威力。

讲明了命题，假设就很容易讲明白了。所谓假设（假定），就是可以量化的命题，实际也就是变量之间关系的描述。

说完了概念与变量、命题与假设，我们回过头来再分析本书的主角——理论。

（三）理论

什么是理论？在这里罗列了关于理论的几个代表性的定义。

Merton（1968）将理论定义为“在逻辑上相互联系并在实证上能够获得具有一致性的若干命题”。

Bacharach（1989）认为，理论是指“基于一组边界假定和约束条件，概念之间关系的陈述”。或者是“经验世界中，可观测单元（变量）或者不可观测单元（构念）之间关系的陈述”。

Corley 和 Gioia（2011）认为，理论是若干构念及其相互关系的一种陈述，该陈述说明一个现象如何发生以及为何发生。

Shapira（2011）认为，理论是指用来解释一组特定经验现象的分析性结构或系统。

Whetten（1989）从另外一个角度对理论做出了进一步的解释。他认为，理论由四要素构成，即“what”要素、“how”要素、“why”要素和“who/when/where”要素。“what”要素指的是理论中所包含的概念和构念。“how”要素指理论中对概念关系的描述，类似于上文所说的命题。按照 Whetten 的观点，这两个要素都是描述性的，在很多论文中都以方框和箭头组成的图来表示。“why”要素是对概念关系的解释。而“who/when/where”要素是对理论边界的界定。

在准确理解理论的定义时，我们需要把握以下几点：

第一，理论具有解释的特征。有一些人认为，概念（构念）/变量/命题/假设这四个要件就构成了理论，其实这是非常不完整的。四要件仅仅包括了“what”因素与“how”因素，其实还有“why”因素也很重要，甚至是更加重要。没有“why”因素，很难构成一个完整的体系。

第二，从现在的定义来看，“why”因素可能是其他理论，也可能是某些很难被证伪的假定（assumption，如“人是理性的”“人是自私的”等）。如果是第一种情况，会导致两个结果：(1) 这个理论没有自己独立的解释（即没有自己独立的“why”因素），如果按照 Whetten 的观点，它就不是一个完整的理论。(2) 如果说其他理论也可算作自己的“why”要素，那么这个所谓的理论只是其所依据理论的推论而已，因而不能称之为一个理论，或者说只能是一个次级理论。相反，第二种情况则不会出现以上尴尬，但也存在另一个问题，即我们如何知道那个很难被证伪的假定就是靠得住的呢。按照 Bacharach 的观点，这个假定来自理论提出者的价值观、生活经验和对生活的深刻观察和体验，它构成了理论的逻辑起点，我们只能在实践（包括思想实验和现实世界中的操作）中不断地去检验它，当它不能承载我们的观察之时，这个假定也就失去了价值，理论也随之被抛弃或者拓展。典型的例子是爱因斯坦的相对论，该理论的基本假定是，宇宙空间物体的运动速度极限是光速①。在此基础上，爱因斯坦构建了相对论，包括著名的公式 $E=mc^2$。从以上逻辑来讲，拓展或抛弃相对论只有两个选择：一是通过思想实验构建假如物体运动速度大于光速的物理理论体系，另外就是在客观世界中能够真正地监测到运动速度大于光速的物体。

第三，以上几种定义都认为，理论不应该仅仅指的是一个概念，而是若干

① 从逻辑学上讲，这句话是定言命题，它指称了言说者的判断，也是理论存在的基本前提（assumption）。定言命题在研究中的作用由此可见一斑。

(至少两个)概念之间关系的陈述,也就是说,理论是由一个或者几个命题组成。按照这个标准来筛选的话,管理学中诸如“变革型领导”“服务型领导”“道德领导”等都不能称为理论,而只能称为概念。需要说明的是,我们并非歧视“概念”这个构念,只不过是“理论”与“概念”对于研究来讲具有不同的功能而已。

第四,理论本身并不具有真理性,读者都看到了,理论是建立在某些假定前提之下的一组命题和假设,这实际上是一种形式定义,该定义并没有暗示理论一定是正确的,它只是一组等待被检验的陈述而已。当然,站在实践者的角度,当他们谈理论时,总是希望理论具有真理性,可以用来指导日常工作,这无可厚非。而对于研究者来讲,因为他们的工作就是要发现或创造新知识,如果默认理论就是真理的代名词,实际上并不利于知识创新。

(四)模型与概念性框架

在研究中,还有两个需要与理论进行区分的概念:模型(model)和概念性框架(conceptional framework)。

关于什么是模型,目前有两种观点。一种观点认为,模型是残缺的理论。模型是一种检验工具(在组织管理研究中,它常见的表现形式是由箭头、方框和圆形组成的框图),其主要作用在于描述和预测,而不在于解释,当我们在预测的基础上发展出了完整的解释时(即前文提到 Whetten 所说的“why”因素),模型就发展成了理论。另外一种观点则认为,模型是等待被验证的理论。模型是一个假想性的结构,如果该结构得到实证检验,则该模型就可以被称为一个理论(Blaikie,1993,转引自 Willer,1967)。

概念性框架为我们提供了一个组织观察的清晰而精确的结构。在组织管理研究中,它常见的形式是分类描述和二维或三维结构图。比如,将领导风格分为工作导向和员工导向双高、工作导向和员工导向双低、工作导向高和员工导向低、工作导向低和员工导向高四个类型就是一个概念性框架。与模型不同,概念性框架不必具有清晰的假定,也不必像模型那样具有清晰的因果预测关系,当然,也不需要进行因果解释。

(五)小结

按照一般观点,理性活动主要包括描述、预测和解释三项功能。在笔者看来,理论、模型、构念、命题、假设、概念性框架等名词并不是客观存在,它们不过是人类为实现其理性意识功能而创造(而非发现)的一些说法而已。对于它们的定义,以及它们内涵和外延的界限,都是人为规定的,而不是天然存在的。只要它们界定清晰、内在自洽,并且能够帮助我们实现理性活动的功能就足够了。过多纠结于每个概念定义的对与错价值不大,而讨论它们之间的关系,在关系中把握这些概念的含义显得更加重要。例如,我们会发现,理论是否应该包含“why”因素并不那么重要，知道有的学者将“why”因素包含于理论的内涵之中，而有的学者在理论的定义中并不强调“why”因素则更加重要。

三、判断理论好坏的四个标准

既然理论是一个不代表对与错的中性概念，那么读者一定会问，什么是好理论呢?

在讨论好理论的标准之前，我们首先要明确一点，对于好理论的判断没有唯一标准，站在不同的价值立场上，“好”的标准是不同的。比如，有的人可能会将是否可以指导实践、是否有用作为标准，有的人可能会按照是否正确、是否反映客观现实来判断。明茨伯格曾举例来说明这个问题：大家都知道地球是圆的、地球表面有一个弧度（这应该是一个客观现实)，但是没有一艘轮船底部会设计成弧形的。这个例子很好地说明了，理论的真理性和有用性并不总是统一的。

（一）新颖的理论是好理论

Davis (1971) 认为，一个理论家之所以伟大不是因为他的理论是正确的，而是因为他的理论是有趣的。说一个理论有趣并不是因为该理论“告诉听众他们原来从未听说过的真理”，而是因为该理论“告诉听众他们原以为错误的东西其实是真理”。也就是说，理论必须是反直觉、反常识的。

这个观点朴素而深刻。对于一个学者而言，特别是对于那些专注于理论开发的研究者而言，如果他的工作没有达到前人的知识高度，或者仅仅是重复了前人的观点，其活动从本质上来说并不是理论开发工作，只能算是传播和检验。

那么如何理解新颖性呢？笔者的观点是，新颖与有趣不同。有趣是一种主观性表达，即读者对理论的一种感受性和情感性反应，其形象化的表达就是“咦，啊哈”。这样的表达当作一种文学修辞方法可以，但其实并不精确，因此不适合作为理性的标准。一个精通经典物理理论的学者初次听到爱因斯坦的相对论时，恐怕不仅仅是“咦，啊哈”这么简单的反应，其中也许还会包括豁然开朗、眼前一亮、钦佩、尊重，甚至嫉妒、愤怒、悔恨等多种复杂感受。而一个物理学的门外汉听到爱因斯坦的理论则可能是一头雾水或者毫无兴趣。

因此，笔者认为，站在知识增益的角度来定义新颖性也许更准确一些。大家都知道，我们头脑中有很多知识，其存在方式包括常识判断、直觉判断、理论、概念、模型、概念性框架等。人类作为一种高级智慧生命，即使不经受任何所谓的专业训练，也具有常识判断和直觉判断类的知识（无论这种判断是否与客观事实相符)，这些知识属于生活世界的范畴。比如，很小的时候，我们都会认为天是圆的，因为在空旷之处我们会观察到天空与大地相交，做出这种判断的能力可以称为直觉。再比如，太阳从东边升起，从西边落下；春暖花开，夏季多雨，秋季落叶，冬季有雪；等等。另外几种知识形式属于科学世界的范畴，它们的产生需要专业人士的系统性工作，并非智能的自然涌现或生活经验的描述。理论的新颖性在这里可以界定为相对于既有主观知识形式（包括常识判断、直觉判断等生活世界的范畴，以及理论、概念、模型、概念性框架等科学世界的范畴）所做出的改变，包括拓展、删减、修正、颠覆等等。

当然，从逻辑上讲，应该还有一种所谓的无中生有式的新颖性，即与现存的所有知识均无关的新颖性，它既不拓展和删减什么，也不修正和颠覆什么，而是隔绝于以往知识的全新知识。由于人类是一种社会性存在，其知识的产生离不开社会性活动，对知识新颖性的评价更离不开社会活动。因此，人类中的某些个体做出无中生有式创新的概率几近为零，对其讨论没有现实价值。

总结一下，对于从事研究的人员来讲，若想使自己提出的理论有潜在价值，新颖性是一个必要条件。一个理论如果相对于人们既有的知识没有任何增益，而只是重复大家所知道的常识，那么这个理论不应该算是一个好理论。因为它不符合积累知识的基本要求。

（二）具有可证伪性的理论是好理论

如前文所述，作为知识的一种存在形式，新颖性是理论的一个必要条件。但我们如何知道这种新颖的理论是正确的呢？或者说具有真理性呢？

按照波普的观点，人类不可能发现终极正确的理论，我们判断真理性的方法是：当我们不能找到某理论的否定证据时，我们就认为该理论是正确的。实际上，假以时日，所有的现存理论都会呈现出它的谬误之处。因此，可证伪性就成为理论保证其真理性的必要条件。

所谓可证伪性（Bacharach，1989）是指理论所给出的判断其真伪的界限是言明的，这种言明的界限可以保证它或者可以用经验性的方法所否定，或者可以用纯粹形式逻辑的方式来推翻，或者二者兼有之。譬如，关于超自然的力量（上帝、佛祖、老天爷等等），由于人类认知能力的有限性，我们不能用经验性的方法否定其存在，因此，关于这些“概念”的陈述不应该属于科学理论的范畴。再如，中国古代的阴阳观就代表了一种辩证逻辑，它不属于形式逻辑之列，因此，建立在阴阳观之上的陈述几乎不能被证伪，也就不符合我们这里所说的好理论的标准①。

具体而言，理论的可证伪性由三个方面构成：

(1) 变量的可证伪性。要想保证变量的可证伪性，首先，变量必须有一个操作性定义，而且该定义的界限必须是清晰的。比如，“创新数量”如果算一

① 需要说明的是，人类不仅需要理论，同时也需要信仰与辩证的思维方式。对于人类存在与发展，它们与理论具有互相补充、相得益彰的作用。以它们为例只是说这两个概念不应该与理论归为一类。

个变量的话，我们将它操作性地定义为“产生新想法的数量”。这个操作性定义的风险是，如果对“新想法”界定不清楚的话，在操作中，创新数量就会根据不同研究者的理解而发生变动，从而使证伪该变量变得不可能。其次，变量必须具有汇报其获取内容效度的可重复性程序，以及内容效度的结果（并且，该结果达到了测量模型的通用要求）。这可保证变量具有可证伪的内容效度。再次，变量必须具有汇报其获取信度的可重复性程序，以及信度的结果（并且，该结果达到了测量模型的通用要求）。这可保证变量具有可证伪的信度。

(2) 构念的可证伪性。首先，对构念的表述必须清晰而不会产生歧义，同时也要尽可能简约。其次，由于构念是由其对应的变量所表示的，要保证构念的可证伪性，代表构念的变量要具有可证伪性（见上面的论述）。再次，构念必须具有汇报其获取其构念效度的可重复性程序，以及构念效度的结果（并且，该结果达到了测量模型的通用要求）。这可保证构念具有可证伪的构念效度①。

(3) 构念关系（命题）和变量关系（假设）的可证伪性。首先，理论所包含的命题和假设要具有逻辑充分性，即命题和假设是逻辑自洽的，也不能是同义反复，同时还要明确说明前因与结果之间的关系，包括充分条件、必要条件、充分必要条件。其次，理论所包含的命题和假设要具有经验充分性，即能够被经验性的方法所检验，这要求研究对象具有变异性，要么是一个研究对象具有多个被分析单元，要么是同一个研究对象具有多个时间点的数据。

管理学作为应用性很强的一门学科，除了新颖性和可证伪性之外，笔者还希望理论可以帮我们解决一些实际问题，这就会引出以下的两个标准：有效用和实践相关性。

（三）有效用的理论是好理论

所谓有效用，是指理论可以反映客观世界的现象，以及现象之间的联系。有效用的理论有三个主要特征：

(1) 具有适当的抽象度。这是指理论所包含的构念和变量要具有一定的抽象度，否则它所能够解释与预测的客观规律就会很狭窄，理论的用途自然会变小。当然，理论所包含的构念与变量也应具有简约的特性，无所不包的理论往往会因为流于常识而失去洞见。

(2) 具有较强的解释潜力。要想有解释潜力，则需要有三个条件。第一，理论的假设是清晰而独特的，这会很好地帮助人们认识构念关系与变量关系的由来和内在逻辑基础。第二，理论中所包含的前因与结果之间关系的实质是清晰的，包括前因是结果的充分条件、必要条件，还是充分必要条件；前因和结果是因果关系、交互关系（反馈机制）还是目的牵引关系；前因和结果之间是

① 目前，可以通过计算聚合效度、区分效度，或者通过探索性因素分析等方法来获取构念效度。

线性关系还是曲线关系。这些关系实质的清晰描述和分析不但会增强其可证伪性，也会增强其解释的精细度。第三，理论的命题与假设所包含的现象幅度要广，理论的命题数量要少，而可推导的假设要多。这可以提升理论的解释范围。

(3) 具有预测充分性。这是指在一定的时空范围内，依据理论的命题和假设可以预测现实世界。当然，这种预测不是基于概率的预测，而是基于理论解释的预测。

(四) 与管理实践相关的理论是好理论

看到这个标准，你也许会问，有效用不就是实践相关性吗？二者是有关联，但却并不相同。

笔者认为，所谓有效用是指理论可以用于实践，对实践具有潜在的影响力(但并不一定对实践有现实的影响力)。而实践相关性是指在特定的时空场景里，某理论与实践者关心的问题密切关联，可以比较直接地用于解决实际问题，特别是实践者迫切需要解决的实际问题。比方说，我们手边有菜刀和笔，显然这两样东西都具有一定的功能，也就是效用。如果此时恰好临近中午了，我们饥肠辘辘正准备去厨房做饭，那么此时菜刀的实践相关性就比笔要强得多。反之，如果此时你坐在考场上正准备考试，笔的实践相关性自然要比菜刀强。

Bennis 和 O'Toole (2005) 等人提出，商学与法学、医学等学科类似，它们均属于应用学科，其最重要的使命应该是解决实践中的问题，而不是从概念到概念的抽象探讨。Corley 和 Gioia (2011) 进一步提出，管理学者若想通过理论研究来解决实践中的问题，不应该仅仅提出一些关于过去的理论（即仅仅对已经发生的现象进行总结与提炼而形成的理论)，更应该提出关于未来的理论（即对实践具有预知功能的理论)，这要求管理学者既要与实践者一起去创造未来 (sensemaking)，还要给未来赋予意义 (sensegiving)。

对于以上四条标准，笔者对前两条没有异议。对于第三条标准并不反对，但认为该标准值得进一步讨论。首先对于理论的抽象度的判断，它不是“有与无”的差别，因此很依赖主观经验。而对于解释潜力和预测充分性，则可用可证伪性来保证。

相对而言，笔者对第四条却心存疑虑①。笔者认为，理论能够指导实践(特别是能够指导可预知的实践)，当然是美事一桩。不过，若想理论能够指导实践，需要首先回答一个更深层次的问题：理论和实践的差距究竟有多大？二

① 当然，我们在前文中早已提出，好理论的标准是一种价值判断，我们不能要求每个人心目中关于好理论的标准都是一致的。作为一名管理学者，笔者当然也希望理论的积极面多多益善。下文所讨论的并不是“应不应该”的问题，而是“能不能”的问题，即管理学者（作为一种社会职业）是否有能力提出与实践密切相关的理论，特别是关于未来的理论。

者之间的差距可以通过学者们的主观努力来弥补，还是二者之间存在一条天然的、不可逾越的鸿沟？

四、理论与实践的关系

首先需要指出的是，下文的探讨并不是哲学范畴和意识形态范畴的探讨，而是限于管理学领域的探讨。关于这个问题，目前有两种代表性的观点。

观点一：理论和实践之间具有不可逾越的鸿沟。这种观点认为，理论代表了一种显性的知识，它追求的是普遍法则和跨情境的解释与预测，相应地，实践则代表了隐性知识，它追求的是主体在场的情境嵌入式的诠释。组织管理的研究活动是为了建构理论并验证理论，即提供新颖而可靠的抽象知识，评判该活动成功与否的人是业内同行，他们主要从理论的新颖性和严谨性进行评价。而组织管理实践活动的目的是实现组织目标（包括优质的产品与服务、利润回报、社会责任、员工福祉等等），评判人是组织的利益相关者，包括用户、股东、员工和所在社区等等，他们关心的是自己的利益是否实现，至于组织在实现其目标中是否采用了新颖而可靠的知识，并不是评判人一定要关心的。由于知识类型和活动群体目标的不同，导致了理论和实践之间具有不可逾越的鸿沟。但这种观点并不否认研究者与实践者之间互相启发和互相影响。

观点二：理论与实践之间不存在根本性的阻隔，理论可以指导实践。理论之所以有时候不能指导实践是由于理论知识转化为实践知识的过程出现了问题。该观点一个代表性的模型为水槽模型（Aqueduct Model），该模型提出，学术知识是像水一样的物理存在，它从高端（理论领域）传递到低端（实践领域），它可以进行无障碍的单向的传递。

笔者认为，“理论指导实践”这句陈述的是与非依赖于我们如何理解和定义“指导”，如果“实践者严格照着理论家说的做”才叫作指导的话，理论确实不能指导实践。这并不是因为研究者的修为不够，也不是研究者与实践脱节导致，而是由“管理研究和管理实践是两种不同性质的活动”这一基本事实所决定的。具体而言，理论研究所追求的是抽象而有解释力的理性知识，而解决实践问题则需要具体而感性的知识。这种内在张力会导致二者在知识的抽象度上沿着不同的方向发力，最终走上不同的路。

从管理研究者与管理实践者的角度来看，研究者首先追求的是“是与非”，而实践者首先追求的是“利与害”，二者旨趣不同。这种不同是不以人的意志为转移的，是由社会分工的基本规律决定的，也可以说是社会分工的一个弊端。有些人可能会问，学者们在追求“是与非”的同时，能否兼顾“利与害”？或者说，管理实践者在追求“利与害”时，是否可以兼顾“是与非”？笔者可以肯定地说，不能！如果有学者这么做了，在假定他与其他学者的自身禀赋相似的情况下，他肯定不会成为一个优秀的学者。同样，在假定他跟其他实践者的自身禀赋相似的情况下，他也肯定不会再成为一个优秀的实践者。个体为了自我最优（社会也只选择最优者），一定会放弃次要目标而追求主要目标。我们很容易理解，一个实践者的成功（或者说一个企业的成功）并不要求其所做出的选择行为都具有理论价值，实际上很多企业都是通过跟进其他公司的行为而取得成功的，而非独创性。同样地，新理论的学术价值并不在于其一定指导了实践，而在于其观点因为冲击了既有理论而给世人以启发。如果它同时也对实践有了重大影响，那当然是令人高兴的事情。

然而，理论不能指导实践并不意味着理论与实践毫不相干，理论的作用在于它抽象出的一些普适性的原理有可能会启发实践，能够促使实践者思考其所面对的具体管理情境。比如西蒙提出的“管理即决策”“决策中的满意原则”等等，在管理实践界具有很大的影响，但实践者必须结合自身的具体情境做出决策，西蒙的决策理论（甚至也包括其他所有的决策理论）也仅仅是实践者在决策时需要考虑的一个点而已，并且仅此而已。反之，现实中的实践行为也可以启发理论开发者对现有理论进行反思和发展。当然，并非所有的实践都可启发出新理论，唯有那些具有潜在理论价值的实践活动才能激发学者的理论性思考。

因此，笔者在这里做出如下结论：管理理论与管理实践是相互启发关系，而非管理理论指导管理实践。

五、理论开发的两个特征

在梳理本书中 10 个管理理论的过程中，笔者发现了两个有趣的特征。

第一，新理论必须与之前的知识发生联系，才能体现其价值。

新理论的产生都是基于对旧理论的批判与修正，而不是从无中生有的创新。这一特征在 10 个理论中体现得十分明显。比如，特质激发理论是继承了前人关于特质理论的思想，在此基础上深入探讨了环境与特质的互动。再比如社会信息加工理论是在深入反思和质疑需求—动机理论对于个体特质的不可变性之后提出自己的理论观点。还有，计划行为理论是经过两代人的不断努力才建立和完善起来的。10 个理论的出现几乎都有这个特点。从这些理论的产生过程中，我们看到，对以往理论的熟悉和了解是开发新理论的必要条件，否则，新理论就没有“巨人肩膀”可以踩了。

第二，不是实践本身，而是对实践的抽象性思考，构成了新理论产生的必要条件。

上一条讲到，新理论的出现是对旧观点与理论的批判与修正，与管理学早期的发展情况有所不同（那时，泰勒、巴纳德等人都具有非常丰富的实践经验，他们也能将这些经验抽象成规律性的原理。具体原因大家可以参考鲁曼教授的社会系统理论），我们很难看到实践对于理论发展的直接作用。从这 10 个理论的开发过程来看，对实践的了解并不一定是理论开发的必要条件，很多理论提出者可能一生都没有深入到管理实践中去，至少可以说，他们的实践经验并不比其他人更丰富。相反，他们更了解当时的理论现状，并适时地对其做出了改变。

因此，不是实践本身，而是对实践的抽象性思考导致了新理论的产生。这或许是学者存在的基本价值，也是其天然使命。

主要参考文献

[1] Bacharach，S. B.，1989. Organizational theories：Some criteria for evaluation. The academy of management review，14 (4)：496 - 515.

[2] Corley，K. G.，Gioia，D. A.，2011. Building theory about theory building：What constitutes a theoretical contribution. The academy of management review，36 (1)：12 - 32.

[3] Davis，M. S.，1971. That's interesting!：Towards a phenomenology of sociology and a sociology of phenomenology. Philosophy of social science，1 (2)：309 - 344.

[4] Whetten，D. A.，1989. What constitutes a theoretical contribution?. The academy of management review，14 (4)：490 - 495.

[5] Willer，D.，1967. Scientific sociology：Theory and method. Englewood Cliffs, NJ：Prentice-Hall.

[6] 高宣扬，2016. 鲁曼社会系统理论与现代性 . 2 版 . 北京：中国人民大学出版社 .

第 1 章

是时势造英雄，还是个性决定命运

——特质激发理论的回答

莱布尼茨曾经说过，世界上没有完全相同的两片叶子。同样，在世界 70 多亿人口中，我们也找不到品行完全相同的两个人。日常经验告诉我们，有的人行动敏捷，而有的人动作从容；有的人仗义执言，而有的人自私利我；有的人宽容大度，而有的人睚眦必报；有的人想流芳百世，而有的人却不怕遗臭万年……人与人之间在行为做派和思想境界上的差别一直吸引着学者们思考和探索这样一个问题：究竟是哪些因素造成了人与人之间的不同呢。

简单捋一下前人的思想和研究成果，可以发现其实也就是三种观点。第一，环境决定论。环境决定论认为，人的行为品性是由外在环境决定的。按照这种观点，即便你是一个平庸的人，但如果长期处在良好的环境中，那么你的言谈举止、道德品行也会向贤人看齐。“孟母三迁”的故事基本上反映了这种思想。

第二，先天决定论。这种观点认为，先天遗传的因素，包括身高臂长、脾气秉性、聪明愚钝等因素决定了一个人的行为。有个叫霍尔的美国人曾经说：“一两的遗传胜过一吨的教育”，中国民间也有“龙生龙，凤生凤”的说法，这些基本上是先天决定论的论调。

以上两种观点听上去都有点儿走极端，这就为第三种观点——合金论的出现埋下了伏笔。合金论认为环境和先天因素都对人的行为和品性产生影响，这听上去是很容易理解的事情——“外因和内因同时起作用”——一句中国人经常挂嘴边的话。

可是，何谓“同时起作用”？如果深究起来，你就会发现还真有些事情没讲透。比如，在影响行为的过程中，外因和内因是累加关系（专业术语称为独立作用），还是乘法关系（专业术语称为交互作用）？还是既有累加关系也有乘法关系？再比如，如果是累加关系，是各占 50%的重要性吗？如果不是，哪个因素更重要一点儿？等等。不同学者对这些问题给出的答案大相径庭。

本章要详细介绍的特质激发理论可归为合金论，它是管理心理学领域研究绩效行为的两位学者 Tett 和 Burnett 在 2003 年提出来的。不言而喻，如果知道了影响员工行为的确切规律，我们就可以利用这些规律去引导员工做出对企业和（或）他自己有利的行为，抑制不利行为，甚至是改造一个人！当然，从目前的研究水平来看，这仅仅是一个诱人的梦想，短时间内实现不了。当然，换个角度来看，发现了这些规律也可能是个令人恐怖的噩梦。

一、特质激发理论产生的背景

对员工的行为和绩效进行准确预测，是老板和企业家们做梦都想实现的事，也是每个管理学者在好奇心的驱使下思考的问题。管理学家和心理学家引入了需求、态度、自我控制、情绪、社会规范、社会信息等概念，其目的都是想完成这一夙愿。

也许你一眼就看出来了，社会规范和社会信息是从环境决定论的思路出发的，一名员工所任职公司的管理制度和政策，他的领导和同事的经历，以及领导和同事对他的态度等等都可算作社会规范和社会信息。而需求、态度、自我控制和情绪这些概念则是从自我决定论的思路出发来分析员工行为的预测因子的。在管理心理学领域，这种思路被称为特质论。它是从员工自身的人格（与性格很相似但却不相同的概念）出发，希望通过一个人自身稳定、独特的特点来预测员工的行为和绩效。

比如，五因素模型（Five Factors Model，FFM）测验、MBTI 测验、卡特尔 16PF 测验、艾森克人格测验等大家所熟知的测验，都希望通过员工的人格特质来预测该员工的行为。另外，各种需要理论，包括马斯洛的需求层次理论、麦克利兰的成就需要理论、奥尔德弗的 ERG 理论等，也都属于同类的研究思路。

大量实证研究也证明人格特质确实能够预测员工绩效。比如，Borman 和 White 等人在 1991 年的一项研究中发现，除了能力和工作知识外，成就导向和可信赖性（这两个都属于人格特质）也会影响员工的绩效。再比如，Campbell 和他的同事在 1993 年发现，除了员工掌握的知识和技能外，他的工作动机（即努力程度）也会影响其工作绩效。Hogan 与 Shelton 在 1998 年还提出了特质—绩效模型，这个模型认为员工的人格特质是影响其所获得的绩效与绩效评价的直接原因。

你可能会感到好奇，既然人格特质对行为和绩效有预测力，那么预测力到底有多大呢？Tett 和 Burnett 两位学者也很关心这个问题。他们通过检索相关研究发现，人格特质对员工行为和绩效的预测力并不强。比如，大家都知道 FFM 中的责任心对绩效的预测作用最强。可是，Barrick 与 Mount（1991）的一项元分析的研究结果显示，责任心与管理绩效的相关系数只有 0.22！这是什么意思呢？

假如你是一家公司的老板，你交给管理者 A 与管理者 B 各带一个团队。一年后，你发现管理者 A 所带团队的绩效比管理者 B 所带团队的绩效要好很多。此时你自然而然地会思考：为什么 A 比 B 的业绩好呢？如果我很确定地告诉你：责任心起到了不到 5%（4.84%=0.22×0.22）的作用；而其他人格特质还不如责任心的预测力好。我想，你一定会对这样的回答非常失望，扭头去寻找其他原因。

Tett 和 Burnett 两位学者也是这么想的。他们认为，单纯考虑人格特征与工作绩效的关系这条路是行不通的，必须从新的视角出发，提出新的理论和模型来预测员工的行为和绩效，特质激发理论就是在这种背景下产生的。

二、特质激发理论的主要内容

特质激发理论是 Tett 和 Burnett 两位学者在 2003 年提出来的，在详细介绍该理论之前，我们先说明几个概念的含义。

第一，特质。按照理论提出者的观点，特质是指“个体在应对环境时所表现出来的行为倾向，这种行为倾向具有个体内的一致性与个体间的独特性”(Tett & Burnett，2003)。学过人格心理学或者组织行为学的人对这个概念并不陌生。

第二，工作行为。所谓工作行为是员工在工作岗位上的具体表现，也是员工人格特质的外在表现形式。

第三，工作绩效。工作绩效是指被组织认定为有价值的工作行为。

第四，特质相关线索。这是特质激发理论中最重要的，也是相对难以理解的概念。顾名思义，特质相关线索是指可以将某种特质行为诱发出来（或者压制下去）的外部环境要求。比如，同事聚会可以激发出人的外倾性特质，因为这种场合要求人们面带微笑，侃侃而谈。

在特质激发理论中，研究者提出了能够激活特质的三种情境线索。第一种是任务线索，包括传统工作分析中所设定的日常任务、责任和流程等。第二种是社会线索，主要是指工作场所与人有关的线索，包括某个员工的同事、下属、上司和客户对其努力程度、沟通和社会技能的需要和期望。第三种是组织线索，包括组织结构、组织氛围和组织文化等。

按照特质激发理论，情境天然地具有与特质相关的线索，这些线索可能会激活不同的特质。具体而言，情境的特质相关线索具有特质相关性和情境强度两个特征。

特质相关性是指情境对员工某种人格特质的要求，它决定了员工将展示出何种人格特质。比如，公司规定不允许迟到，该情境会让员工展示出 FFM 中责任心的人格特质，而不会展示外倾性的人格特质。因为责任心强的人一般会较少迟到，责任心弱的人或较多迟到。但是，外倾性与迟到就没有什么关系，因为无论是外倾性高的员工还是外倾性低的员工，都有可能会迟到。所以说，特质相关性是指情境对于人格特质激发的定性特征，即某种情境将激发出哪种人格特质。

与特质相关性不同，情境强度是指情境对特质激发的定量特征，它决定了员工在多大程度上会展示出自身的人格特征。特质激发理论认为，强情境将压制所有的人格特质，只有弱情境才能够使员工的人格特质获得充分展示。还是关于迟到的例子，如果公司规定迟到一次罚款 5 元，你会发现责任心强的员工不会迟到，责任心弱的人照样会迟到。然而，如果公司规定，迟到一次扣除本月所有奖金！你会发现，此时责任心的强弱不再影响员工的迟到次数，所有的人可能都不愿意遇到“一次迟到而丢掉整个月的奖金”这样的事情。罚款 5 元就是一种弱情境，而扣掉整月奖金就是一个强情境。

特质激发理论主要论述了以上四个概念之间的关系（见图 1-1），这些关系在该理论中被称为路径。Tett 和 Burnett 在理论中共提出了三大关系、11 条路径。下面我们将做详细介绍。

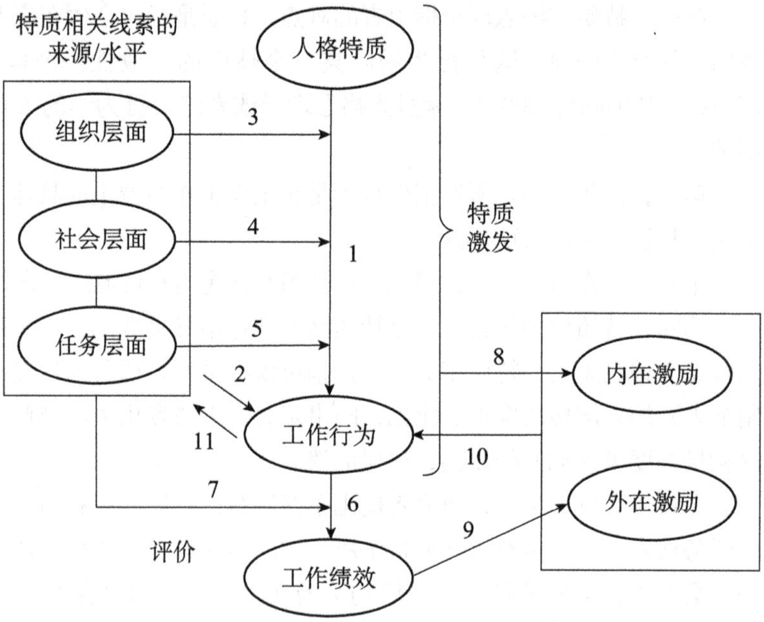

图 1-1 特质激发理论

(一) 人格特质与工作行为的关系

路径 1 是从人格特质到工作行为。

按照特质激发理论，员工的人格特质水平会影响与该人格特质有关的工作行为。换一个研究设计中的术语来表达，也就是说，人格特质是工作行为的主效应（见图 1-1 中的路径 1）。路径 1 其实就是 Hogan 与 Shelton 在 1998 年提出的特质—绩效模型的核心内容。

从这个角度来讲，Tett 和 Burnett 是在补充、修正和改造 Hogan 与 Shelton 的理论的基础之上来发展自己的理论的。这又让我们重温了牛顿爵士的至理名言：站在巨人的肩膀上。下面就让我们一起来看一下这两位学者具体是怎么做的。

(二) 特质相关线索与工作行为的关系

特质激发理论的核心内容就是详细地分析了情境自身的特征，以及情境与工作行为、工作绩效的关系。

路径 2 是从情境到工作行为。

特质相关线索（即情境）与个体的工作行为具有双向关系。情境具有控制和影响个体反应的倾向，这种影响使得所有处于某种情境的个体都表现出一致的反应。特别是前文提到的强情境，会使人格特质的作用失灵，使员工的工作行为完全受情境支配。这种影响见图 1-1 中的路径 2。

路径 11 是从工作行为到情境。

特质激发理论认为，员工的工作行为也并不是完全被动地去顺从环境，员工会通过自己的行为积极地影响甚至改造环境（见图 1-1 中的路径 11）。如果你读过班杜拉的著作，很容易发现这一观点与班杜拉的社会认知理论是一致的（Bandura，1978）。工作行为对情境线索的影响分为积极反馈和消极反馈两种。比如，一名员工开始不被自己的同事认可，但他一直保持高度的工作热情，每天都全神贯注地投入工作，时间久了，这种行为就会改变周围同事对他的评价（社会线索），这就是一种积极的反馈。当然，这名员工也可能自暴自弃，甚至对同事恶语相向，这就是消极反馈。

路径 3、路径 4、路径 5 是三种特质相关线索对人格特质与工作行为之间关系的调节。

三种特质相关线索不但对工作行为有直接的影响，还会影响人格特质与工作行为之间的关系，即情境会调节人格特质与工作行为之间的关系。如前文所述，该情境包括组织线索（见图 1-1 路径 3）、社会线索（见图 1-1 路径 4）和任务线索（见图 1-1 路径 5）。较强的情境线索下，人格特质对行为的影响会减弱，甚至会消失。只有在弱情境下，个体的人格特质才会对工作行为产生影响。

路径 6、路径 7 是从工作行为到工作绩效，以及情境对工作行为和工作绩效二者关系的调节。

路径 6 是从工作行为到工作绩效。这条路径是最简单的，说明工作行为有可能产生工作绩效，当然也有可能破坏工作绩效。

路径 7 是指工作情境对工作行为与工作绩效关系的调节作用。路径 7 说明一种行为是否有价值并不是由行为本身决定的，而是由情境决定的（在这里，情境指组织要求、社会要求和任务要求，也就是上文提到的三种情境线索），如果一种行为满足某种情境要求，这种行为就是绩效行为，如果不满足，就不是绩效行为。因此，特质相关线索调节了工作行为与工作绩效之间的关系。

需要指出的是，由于存在三个层面的情境要求，这就导致了绩效评价标准的复杂化。符合任务线索要求的行为不一定符合社会线索的要求，类似地，符合社会线索要求的行为不见得符合任务线索要求和组织线索要求。

（三）激励与工作行为和工作绩效的关系

大家都知道，激励对员工的行为具有推动作用。按照教科书上的观点，激励可以分为内部激励和外部激励。那么激励与人格特质、情境线索、工作行为和工作绩效之间是什么关系呢？

路径 8 是内在激励的产生。

特质激发理论认为，人格特质是个体的内在需求和驱动力，凡是符合人格特质的行为和做法都会使个体产生满足感，否则会产生缺失感。员工会寻求那些能够给他机会来表现自己独特人格特质的工作任务、组织成员认可和组织环境（即情境线索），这些情境线索在激发员工人格特质的同时，也给其带来了满意感，员工因此得到了激励。这是路径 8 所展现的内在激励的内容。

路径 9 是外在激励的产生。

路径 9 展示了工作绩效对于外在激励的满足作用。员工的某些特质表现（即工作行为）既可能会受到同事的欣赏、上司的表扬、组织给予的金钱奖励和晋升机会等正面反应，也可能会受到冷落、批评与惩罚等负面反应。因此，对于任何一个员工，一个理想的工作情境（任务、社会、组织）是指那些保证特质行为能够获得组织和同事正面评价的环境。

路径 10 是从外在激励和内在激励到工作行为。

路径 10 说明，无论是外在激励和内在激励，还是二者的叠加，都会对员工的工作行为产生影响，即催化或者是抑制员工的工作行为。大家不难发现，外在激励其实也是一个情境。过强的外在激励就是一种强情境，此时的外在激励会比自身特质得到彰显而获得的内在激励更能影响员工在行为上的差异。同样，微弱的外在激励就是一种弱情境，此时的外在激励是不确定的或者是微弱的，由员工特质引起的工作行为变化的差异也会达到最大化。

三、特质激发理论在论文写作中的应用

（一）测验情境、测验维度与人格特质对评价中心结构效度的影响

Lievens 和 Chasteen 等人（2006）以特质激发理论为框架，考察了评价中心的区分效度和汇聚效度。研究结果发现，在评价中心中，提供了观察同一个特质相关行为的测试之间的汇聚性比较好，没有表达同样特质的维度之间的区分性比较好。与特质激活有关的论述如下：

> 特质激发理论是最近聚焦于人—情境交互视角，以情境中发现的特质相关线索为基础来解释行为的一个理论（Tett & Guterman，2000）。这些可观测的反应可以在很多测评工具中作为维度评价的行为性打分，比如绩效评价、面试或者评价中心（Tett & Burnett，2003）。特质激发理论强调了与特质相关的情境对于清晰地解释人格特质与行为关系的重要性。一个情境如果能为某种特质相关的行为提供线索，则该情境与特质相关（Tett & Guterman，2000）。……

特质激活观点也与情境强度的作用有关。强情境包括清晰的行为要求，这种情境所引起的行为结果是清晰明确的，也是被大家广泛接受的(Mischel，1973)。相对一致的期望会导致个体行为反应差异的减少，即使该反应与人格有关，也会模糊个体在人格特质方面的差异。相反，弱情境具有模糊的期望，可以导致行为反应上的更大变异。……

情境的特质相关性和情境强度因此代表了情境激发特质的潜力（trait activation potential，TAP）的两个不同的特征（Tett & Burnett，2003)。一个方面，情境的特质相关性是情境与某种具体特质有关的定性特征，它表明哪些线索可以激活某种特定特质所对应的行为。本研究考虑的人格特质是五因素模型（Five Factors Model，FFM）……另外一个方面，情境强度是一个连续变量，指的是我们对情境的清晰感知程度。……

这两个概念均与评价中心有关，因为评价中心可以在多个测试中观测候选人的一系列行为，并要求充分地观测到候选人在绩效方面的不同。因此，必须呈现与FFM特质有关的不同情境线索。例如，人们预测无领导小组讨论能够提供充分的机会观测与FFM中的外倾性有关的行为差异；然而，候选人在完成公文筐测验时，我们则很难观测到这种差异。所以，评价中心的不同测验代表了不同特质激活潜力的情境。如果在某个测验中观测到某种行为的可能性越大（该行为与FFM的某个特质有关），则该FFM特质的激活潜力越高。在一个情境中观测到不同特质相关行为差异的机会取决于情境的特质相关性与情境强度，这种机会与维度评分的区分效度和汇聚效度有关。

评价中心结构效度涉及的一个问题是，当评价中心的系列测试可以在同一人格特质的行为上观测到差异时，那么观测不同测试间的一致性行为将更加困难。人格特质所诱发的行为是对特质有关线索的反应，而这些线索又会因情境而变。因此，只有当与同一人格特质有关的行为能够在每个情境下被观测到时，我们才能说该行为具有一致性。当评价中心的测试对某个特质的激活潜力存在差别时，会导致该测试观测到候选人某种实际行为的一致性很低，评价中心对该特质有关维度评分的汇聚效度就会很差。相反，当汇聚效度比较高时，……

我们可以思考一下人际影响力维度（在FFM中该维度被定义为外倾性）的评分过程。因为无领导小组讨论和角色扮演都可能会为这个FFM的特质提供激活线索，这两种测试的汇聚效度就比较高。然而，如前文所述，公文筐测验可能难以为该特质提供激活线索，因此该公文筐测验在外倾性上的得分与其他测验在该维度上的得分就不会存在很大的相关。

Haaland与Christiansen（2002）最近的一项实证研究支持了以上观点。……

社会知觉领域的另外一个重要的观点认为，我们更容易、更有效地观测到与某些特质有关的情境线索，这会导致我们对基于行为的某些特质的判断更准确（e.g.，Funder & Colvin，1988；Funder & Dobroth，1987；Funder & Sneed，1993）。大量的研究考察了有限社会情境（与评价中心类似）下的评分汇聚效度，发现基于行为线索对 FFM 的外倾性和责任心测试的汇聚效度最好（Kenny，Horner，Kashy，& Chu，1992；Kenny，Albright，Malloy，& Kashy，1994）。依据特质激发理论，特质激活潜力对评价中心汇聚效度的影响取决于观察和使用特质相关行为线索的难易程度。……因此，观测到与某些特质（如外倾性和责任心）有关的行为线索差异的机会可以影响到特质评价。以上所有可以推导出如下假设：

假设 1a：如果某些测验能够激活具体的 FFM 特质（即这些测验为 TAP 高的测验），则这些测验在某个具体维度评分的汇聚效度比那些不能激活某个具体 FFM 特质的测验（即 TAP 低的测验）维度评分的汇聚效度强。

假设 1b：与外倾性和责任心相关维度的特质激活效应更加显著。

测试的特质激活潜力与候选人个性特质之间的关系也与评价中心的区分效度有关。具体而言，测验可能具有不同维度的行为线索，但这些行为线索都是某一特质的展现。因此，由于共享了同样的依据，基于表达同一特质行为的不同维度之间的得分就会具有更强的相关性。区分效度差的部分原因在于多质多法（Mutitrait-Multimethod，MTMM）的思路假定结构是离散的，而实际上评价中心的维度并不是离散的。

与此有关的证据可以参见 Lievens（1998）对评价中心研究的总结。这些研究显示，概念清晰的维度可以提高区分效度。

然而，当将特质作为与测验维度强相关的一个原因时，特质激发理论再次超越了“由于需要同样的行为，所以维度会有重叠”这样简单的概念。例如，对口头沟通和影响力维度的评价会依赖非常不同但又均为 FFM 外倾性特质的表达行为。类似地，计划和组织与激励维度都是基于 FFM 责任心特质的表达行为。因此，值得注意的是，特质激活观点在此可以提供深刻的见解。该逻辑与一些评价中心的研究结果是一致的，这些研究发现，无论是从概念还是从实证的角度来看，评价中心的不同维度均与 FFM 这样的人格特质有关（e.g.，Furnham，Crump，& Whelan，1997；Goffin，Rothstein，& Johnston，1996；Haaland & Christiansen，2002）。特质激发理论认为，不同维度间的高相关是因为它们都是基于同一特质下的行为表达。例如，在同一个测验中，展示技能维度与说服维度之间不会具有很强的区分效度，因为这两个维度都是 FFM 外倾性特质的表达。相反，问题解决和人际技能之间将具有很强的区分效度，因为这两个维度不是同一特质的表达。传统考察评价中心区分效度的方法没有考虑这些——他们只是分析所有维度之间的相关而没有考虑可能的人格特质。

因此，我们将检验如下假设：

假设 2：不同人格特质表达维度间的区分效度会优于相同人格特质表达维度间的区分效度。①

首先，在这个研究中，作者将测验作为情境线索，某些测验（情境）对于某些特质具有更强的激发潜力，而对其他一些特质的激活潜力较弱。特质激发潜力的强弱会影响到候选人在测验中的表现（即行为表达）。其次，文章界定了维度（dimention）的概念。维度是指评价中心中打分的具体方面，这些维度的设定往往与具体的工作任务有关，比如例文中所讲到的说服能力、口语表达能力和展示技能等。再次，由于维度与人格特质并不总能一一对应，因此，可能会出现人格特质对于维度间区分效度和聚合效度产生影响的情况，例文的两个假设就是在这样的背景下，结合特质激发理论提出来的。

（二）强情境与弱情境的观点

Jung 与 Takeuchi 考察了国家文化、领导成员交换（LMX）以及人—组织匹配（P-O fit）对员工工作满意度和组织承诺的影响。他们的研究结果显示，国家文化、领导成员交换以及人—组织匹配对员工工作满意度和组织承诺的影响存在三重交互作用（见图 1－2）。对于日本员工来讲，领导成员交换负向调节了人—组织匹配与工作满意度和组织承诺的关系；而对于韩国员工来讲，则不存在这种调节作用。在论及人—组织匹配与领导成员交换对员工态度的交互影响时，论文作者采用了特质激发理论。具体分析如下：

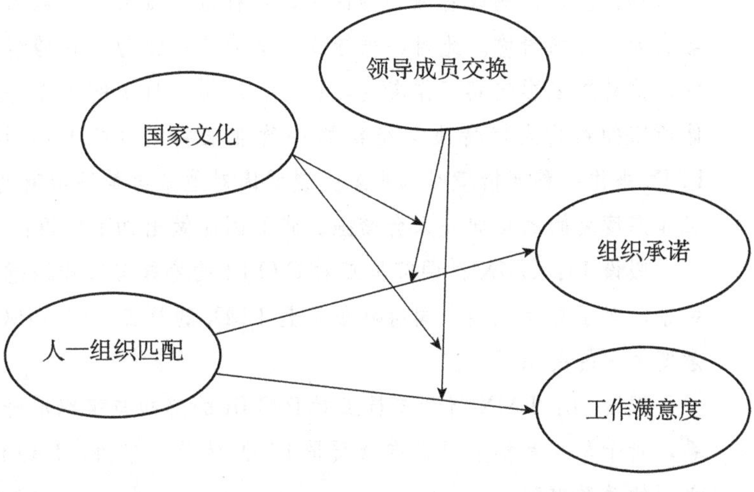

图 1－2　国家文化、领导成员交换、人—组织匹配与工作满意度和组织承诺的关系

① Lievens, F., Chasteen, S. C., Day, A. E. et al., 2006. Large-scale investigation of the role of trait activation theory for understanding assessment center convergent and discriminant validity. Journal of applied psychology, 91 (2): 247－258.

依据特质激发理论（Tett & Guterman，2000；Tett & Burnett，2003），我们预期P-O fit与LMX在影响工作满意度和组织承诺方面具有互补效应。特质激发理论认为，当环境中出现与特质有关的线索时，个体的特质会得到激活（Tett & Guterman，2000）。特质激发理论有一个重要的观点是情境强度（Lievens，Chasteen，Day，& Christiansen，2006）。强情境会屏蔽掉人格特质，导致所有的个体对特定事件做出同样反应，而不是激活个体的差异（Mischel，1973；Mischel & Peake，1982）。具体而言，强情境指"明确而有力的外部环境，这种环境控制了决定个体行为的特质性"（Mischel，1973）。一个强情境代表清晰的要求或奖励，包括获得必要技能的充足诱因或培训（Mischel，1973）。因此，一个强情境限制了人格特质预测个体的行为（Tett & Burnett，2003）。相反，弱情境具有模糊性和中等回报的特征，这会导致行为反应的多样性。……

当清晰有力的奖励来自直接上司而不是高层管理者或者组织层面时，领导成员交换可能会成为一个强情境。如前文所述，"一个强情境可能会消灭所有的个体行为差异，使得这种差异不受任何一种人格特质的影响"（Lievens et al.，2006）。之前的P-O fit研究发现"个体人格特质与其对组织的印象越相似"（O'Reilly et al.，1991），个体越容易显示出积极的工作态度（e.g.，Boxx et al.，1991；Chatman，1991；Vancouver & Schmitt，1991；Bretz & Judge，1994）。然而，我们认为当LMX是一个强情境时，P-O fit不会对员工态度产生影响。相反，如果一个员工仅仅能够从其直接上司那里获得模糊或者微小的回报，这种与直接上司配对的交换关系则不会成为一种强情境。此时，领导成员交换关系作为一种弱情境会激活个体的人格特质来影响其工作态度与行为。这样，员工的工作态度主要就由个体所感知到的人格特质与组织的一致性来决定（即P-O fit）。当员工将LMX当作一种弱情境时（也就是说诱因对他来讲是不清晰的），P-O fit与工作态度之间的正向关系会增强。我们因此做出如下假设：

假设1a：LMX将调节员工对P-O fit的感知与工作满意度之间的正向关系，对于与其直接上司存在低质量LMX的员工来讲，P-O fit与工作满意度之间的关系更强。

假设1b：LMX将调节员工对P-O fit的感知与组织承诺之间的正向关系，对于与其直接上司存在低质量LMX的员工来讲，P-O fit与组织承诺之间的关系更强。①

从以上的分析可以看出，例文的这两个假设是利用了情境激活理论的强情

① Jung，Y.，Takeuchi，N.，2014. Relationships among leader-member exchange，person-organization fit and work attitudes in Japanese and Korean organizations：Testing a cross-cultural moderating effect. The international journal of human resource management，25（1）：23－46.

境、弱情境观点，将 LMX 当作一个情境变量考察了 P-O fit 对于工作满意度与组织承诺之间关系的调节作用。

除此之外，也许你已经看到了：第一，在这两个假设中，并没有包含特质变量。也就是说，这两个假设并没有直接检验到特质激发理论。作者的逻辑是，既然 P-O fit 是人格特质与组织价值观的匹配，因此只有当员工的人格特质能够发生作用时（即在 LMX 比较低的弱情境时），才有可能出现 P-O 匹配与 P-O 不匹配的情况，而后 P-O fit 才能够影响到因变量。因此，P-O fit 在例文中替代了特质激发理论中的特质变量。第二，工作满意度和组织承诺偏向态度和感知变量，并非工作行为变量和经典的工作绩效变量。大家都应该记得，在特质激发理论中，并没有态度和知觉类的变量。这可以说是研究者对于特质激发理论的拓展，也可以说是某种程度的误读。

（三）特质激发理论被"改造"了吗

Wang、Harms 和 Mackey（2015）等人探讨了下属因素在辱虐管理形成中的影响，以及下属因素对辱虐管理知觉强度的影响作用（见图 1－3）。具体来讲，他们考察了下属的人格特质和自我报告的任务绩效对辱虐管理知觉的影响。研究结果发现，高神经质和低责任心的下属会影响他们所感知到的辱虐管理强度，这种作用部分是通过其自我报告的不佳的任务绩效发生的。另外，研究者依据特质激发理论，分析并检验了下属的人格特质在辱虐管理知觉与下属人际越轨行为之间的调节作用。结果发现，低宜人性和外倾性的下属在感知到辱虐管理之后更容易做出越轨行为。利用特质激发理论所进行的理论推导过程摘译如下：

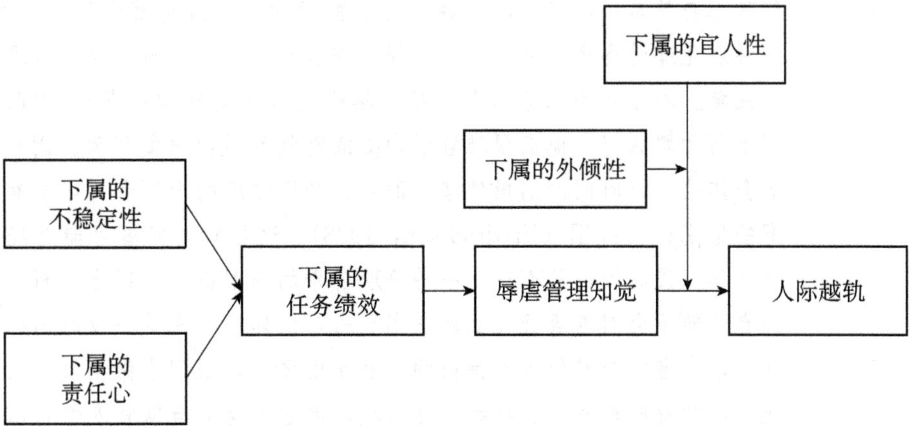

图 1－3　人格特质、任务绩效、辱虐管理知觉与人际越轨的关系

结合特质与情境的视角（Kenrick & Funder，1988），Tett 与 Burnett（2003）创立了特质激发理论。该理论认为，为了激活某种特质的行为表达，情境需要提供与特质有关的线索。特质有关的线索有三个水平或来源：任务线索、社会线索和组织线索（Tett & Burnett，2003）。……本研究中，

考虑到领导力是一个社会影响的过程（Yukl，2010），我们将下属在工作情境下对辱虐管理的知觉当作一种社会线索，认为这种知觉会激活一些使得他们的社会互动变得不同的人格特质：低宜人性和内倾性。

…………

大量的证据表明，宜人性和外倾性与个体的社会动机与行为有关（e. g.，Carlo et al.，2005；Graziano & Eisenberg，1997；Koole et al.，2001；Snyder，1983）。……因此，依据特质激发理论（Tett & Guterman，2000），在人际特质方面不同的个体，对感知到的辱虐管理的反应也是不同的。我们认为，宜人性和外倾性是五因素模型（FFM）中两个理解消极社会互动和效应的人格特质。

上司的某些行为，如叫喊、尖叫和公开讽刺下属，很可能会在不同的工作环境中破坏社会互动规范，增加消极人际关系，破坏合作，导致不友好和冷漠的团队氛围（Mitchell & Ambrose，2007）。这种消极环境会激活低宜人性和内倾性的表达。宜人性反映了一个人的人际导向。低宜人性的个体具有对抗性、报复性、敌对性、自我中心和无情等特征（Costa & McCrae，1992）。关于五因素模型的元分析发现，宜人性与工作场所越轨具有最强的负向关系（Berry et al.，2007）。

…………

外倾性反映了一个人的社会化、健谈、精力充沛和活跃程度。低外倾性个体（即内倾者）喜欢独处，具有保守、安静、独立性强的特征（Costa & McCrae，1992）。对辱虐管理的感知可能会激活内倾特质，因为辱虐管理本身就是一种情境，这种情境会提示受害者避免遭受辱虐者的攻击。一种避免遭受辱虐的方式是通过保持安静和避免公开与其他人沟通而不招人注意。内倾者不想与别人一起分享感受（如愤怒和不满），所以当感知到上司的辱虐时，他们很难宣泄内心的怒气和做出报复行为。因此，内倾者会体验一段时间的消极情绪。而且，经历辱虐的内倾者可能会有一个狭窄的思想行动范围（Fredrickson，1998）。这导致内倾者可能对经受的伤害反思一段时间，从而产生一种争取公平的强烈欲望。以上分析说明，内倾者可能不会对辱虐管理立即做出反击，但如果在遭受一段时间的辱虐管理后，或者在与其他人格特质的交互作用之下，他们会做出反应行动。因此，内倾特质单独不会导致人际越轨，但它可能会与低宜人性特质交互影响，导致人际越轨的出现。

总之，以上的分析说明，低宜人性和内倾性一起调节了辱虐管理知觉和下属人际越轨的关系。具体而言，辱虐管理知觉会激活下属的低宜人性倾向。由于工作场所人际越轨可以被看作低宜人性的行为反应，我们预期低宜人性的下属更可能做出人际越轨行为。如果低宜人性的下属同时也具有内倾性，他们也会表现出比外倾者更大的人际越轨行为。因为他们比低宜人性外倾者更可能聚焦于遭受了一段时间的不公平待遇所产生的反思性的报复行为。相反，外倾性的低宜人员工可能会通过与其他人（如同事、家庭成员等）交谈而宣泄他们的怒气，他们感受到的压力水平就比较低，也会使他们忽视所受到的不公平对待（Bies & Tripp，1996）。因此，我们预期低宜人性外倾者比低宜人性内倾者更不会做出报复行为。

综上所述，前文的分析表明，辱虐管理、低宜人性和内倾性之间存在三重交互作用。具体而言，我们预期内倾性会增强低宜人性对于辱虐管理知觉与人际越轨行为之间关系的调节作用，当下属低宜人性和内倾性很高时，他们更倾向于做出对抗性和敌对性的报复行为。因此，我们提出如下假设：

假设5：下属的宜人性和外倾性一起调节辱虐管理知觉与下属人际越轨的关系。当下属的宜人性和外倾性水平比较低时，其感知到的辱虐管理与其人际越轨之间的关系更加强烈。①

从以上的分析可以看出，例文并没有完全依据特质激发理论的本意来论证其假设5。在特质激发理论的框架中，人格特质是主要的自变量（见图1-1中的路径1)，情境变量（包括组织、社会和任务，见图1-1中的路径3、路径4、路径5）是激活特质的调节变量。而在本例文中，辱虐管理知觉作为一种社会线索却是论文中的主要变量。

当然，有人可能会说，依据图1-1中的路径2，社会线索可以作为自变量，社会线索（即例文中的辱虐管理知觉）与宜人性特质交互作用（图1-1中的路径1）共同影响下属的工作行为。可是，例文中一直强调宜人性特质的调节作用，而非交互作用。当然，从纯粹统计分析的角度来讲，调节作用与交互作用并无差别，但是从理论解释上来讲，却存在本质不同。

最后，例文中提到的三重交互作用，即宜人性与外倾性联合调节辱虐管理知觉与下属越轨行为关系的论述，并没有完全依据特质激发理论。因为该理论并没有论及不同特质之间的交互影响。

四、对特质激发理论的评价与反思

特质激发理论仿佛回答了本章题目中提出的问题（见图1-1中的路径1)，即环境在决定人的行为中是次要的，人格特质才是主效应。换句话说，一个人是否做出英雄行为不是由环境和时势决定的，个人自身的因素起主动作用。这听上去是很励志同时也是很明确的结论。但特质激发理论认为，事情还可以更复杂一点儿，因为该理论还提出，环境对行为也有直接作用（见图1-1中的路径2)，这说明环境对行为来讲与个人因素同等重要！读到这里你或许对此不屑一顾，这不就是引言中讲到的合金论吗？

---

① Wang, G., Harms D. P., Mackey, D. J., 2015. Does it take two to tangle? Subordinates' perceptions of and reactions to abusive supervision. Journal of business ethics, 131 (2): 487-503.

事情远没有那么简单，特质激发理论进一步提出，情境线索调节了人格特质与员工行为之间的关系（见图 1-1 中的路径 3、路径 4、路径 5)。用通俗的话来讲，环境因素不但对行为有直接作用，而且还间接地制约着人格特质与行为之间的作用，只有在宽松的环境中，人格特质的作用才能显现出来，如果环境过于严苛，人格特质将难以对员工行为产生影响。因此，我们今后还是不要再笼统地纠结于“到底是外因还是内因对行为更重要”的问题了，我们需要更深入地分析，外因和内因到底是如何“合谋”对行为产生影响的。

需要特别强调的是，特质激发理论认为，环境会调节人格特质与行为之间的关系，而不是人格特质调节环境与行为之间的关系。也就是说，内因和外因对行为的作用并不是完全对称的。也许你会问：为什么人格特质就不能作为调节变量呢？遗憾的是，特质激发理论没有给出回答。笔者冒昧地推测，特质激发理论脱胎于经典的特质—行为观点（基本观点是：特质决定行为，比如 Hogan & Shelton，1998)，其目的不是为了推翻“特质决定行为”这一基本观点，而是在其基础上进一步完善特质对行为的预测力。

以往大量研究都将环境变量作为自变量，而将人格变量作为调节变量，显然这些研究与特质激发理论在观点上是不同的。当然，特质激发理论的这一独特之处也造成了一些误用。

在写论文时，研究模型如果涉及人格特质、环境与行为的关系时，特别是把环境变量作为调节变量时，可以考虑将特质激发理论作为理论依据。当然，图 1-1 中的 11 条路径都可以作为实证研究的理论依据。比如，当论证行为对绩效的影响时，可以考虑以路径 6 和路径 7 为依据；当论证行为对环境的影响时，可以考虑以路径 11 为依据；等等。在这里不再赘述。

主要参考文献

[1] Jung, Y., Takeuchi, N., 2014. Relationships among leader-member exchange, person-organization fit and work attitudes in Japanese and Korean organizations: Testing a cross-cultural moderating effect. The international journal of human resource management, 25 (1): 23-46.

[2] Lievens, F., Chasteen, S. C., Day, A. E. et al., 2006. Large-scale investigation of the role of trait activation theory for understanding assessment center convergent and discriminant validity. Journal of applied psychology, 91 (2): 247-258.

[3] Tett, P. R., Burnett D. D., 2003. A personality trait-based interactionist model of job performance. Journal of applied psychology, 88 (3): 500-517.

[4] Wang, G., Harms D. P., Mackey, D. J., 2015. Does it take two to tangle? Subordinates' perceptions of and reactions to abusive supervision. Journal of business ethics, 131 (2): 487-503.

第2章

是心随境转，还是禀性难移

——社会信息加工理论的选择

中国有句俗语，叫作“三岁看大，七岁看老”，它告诉我们，一个人的脾气秉性一旦形成，几乎是终生不变的。孤傲自负的关羽只能败走麦城，勇猛善战、性格直率的巴顿将军只能在第二次世界大战结束时黯然退场……所有这些古今中外的故事持续不断地再现着所谓“性格决定命运”的道理。

在工作场所，我们会遇到一些浑身充满正能量的员工，他们往往是天生的乐天派、工作狂，或者是活雷锋。同时，我们的同事中也有一些被动、消极、自私、悲观的人，遇到这种情况我们要不就敬而远之，要不就只能忍受。由于这个原因，企业在招聘员工时，往往对求职者进行人格测试，最终只选择那些在测试中表现积极主动、勤奋努力的人加盟到公司工作。

然而，悲剧的是，有很多在招聘中表现出优秀特质的员工，真正进入工作岗位时却变成了退缩而自私的家伙。事情为什么会这样呢?

你也许会说，这就是招聘时面试官看走眼了，或者是招聘中所使用的心理测试工具不可靠。如果你这么判断的话，你还是站在秉性不变的立场上，认为只要看准了人的秉性，他的行为还是可以预测的。还记得上一章中所讲的特质激发理论吗？该理论的底色是人格特质对行为具有基本的预测力，尽管它不能完全预测个人的行为。

那是否还有别的解释呢？当然有！也可能是招聘环节的测试（包括心理测验、面试等）并没有出现评估错误，人的行为之所以发生变化是由于他所处的环境变化了，“心随境转”讲的就是这个道理。本章的社会信息加工理论（Social Information Processing Theory）就坚定地持有这种观点，它完全颠覆了特质决定行为的观念，认为个体身上根本不存在什么终生不变的特质，所谓的特质也将随着环境的变化而变化。

一、不破不立——社会信息加工理论产生的背景

可以这么说，社会信息加工理论是通过批判需求—满足模型（Need-Satisfaction Models）而起家的，这种批判是一种系统而彻底的批判。社会信息加工理论的提出者Salancik和Pfeffer不仅对需求—满足模型中的几个核心概念，包括工作特征、工作态度（动机）和需求进行了反思，而且也对这些概念之间的关系进行了重新诠释。在此基础上，他们建立了社会信息加工理论。

Salancik 和 Pfeffer 先介绍了需求—满足模型的经典版本，然后分析了该模型的含义与内在逻辑，最后对这种逻辑进行了批判。我们也按照这个次序展开本部分的论述。

(一) 需求—满足模型的经典版本

首先要提醒你的是，其实并没有人提出过所谓的需求—满足模型，它不过是 Salancik 和 Pfeffer 两位学者对其之前出现过的一些理论模型进行分析，然后在此基础上给这些理论模型起的一个统一的名字而已。你如果学习过组织行为学或管理心理学的话，一定对这些模型很熟悉，比如马斯洛的需求层次模型、奥尔德弗的 ERG 理论、赫茨伯格的双因素理论、麦克利兰的成就需要理论等等。这些理论模型在经典的教材中普遍存在，对你来说已经是耳熟能详了。不过为了讨论方便，我们还要简单复习一下。

毋庸置疑，最广为人知同时也是最早的需求理论当推马斯洛提出的需求层次理论（Maslow，1943，1954）。马斯洛认为人类共有五类需求，这五类需求在不同文化中都可以观察到，这些需求可以按从低到高的顺序分为五个层次：生理需求、安全需求、社会关系需求、成就与尊重需求，以及自我实现需求。马斯洛还认为，当低层次需求被满足后，高层次需求就开始变得重要起来。当某种需求获得满足之后，它就不再是人类行为的动机了。

尽管马斯洛的需求层次理论在实践界的影响力超大，但学术界的数据检验结果基本不支持这个理论（Hall & Nougaim，1968）。为了改变这种窘境，奥尔德弗（1969）重新划分了需求层次，他认为在人类中普遍存在着三种（而不是马斯洛的五种）基本需求，分别是生存需求（existence need）、关系需求（related need）和成长需求（growth need）。通常我们将其称为 ERG 理论。ERG 理论与数据结果是吻合的，但该理论不再像马斯洛的需求层次理论一样强调需求满足是按照从低到高的顺序来渐次进行的。

赫茨伯格和他的两位同事（Herzberg，Mausner，& Snyderman，1959）提出了双因素理论。该理论将需求归为激励因素和保健因素，并提出满意和不满意并不是严格对立的。保健因素的缺失可能使员工不开心，但仅提供保健因素（例如工资、空调等外在条件）也不会使员工受到更多的激励，在这种条件下他们只能体验到“没有不满意”。相反，工作本身所具有的挑战性和吸引力却具有真正的激励作用，在这种条件下他们能体验到“满意”。双因素理论曾经受到了大量的严厉批判，但它较早认识到了内在因素和外在因素的区别，这个巨大的闪光点引起了以后学者对于外在激励和内在激励的研究兴趣。

期望理论（Hackman & Lawier，1971；Mitchell & Biglan，1971）也算是一个经典的需求理论。这个理论承认不同个体可能有不同的目标和需求，同时，个体可能会在目标实现和他们的行为之间建立不同的连接。大部分当前关于工作满意度、工作动机和工作设计的研究都是从期望理论范式中引申出来的。期望理论的最大优点是承认了不同人的需求是不一样的，同时，对需求达成的可能性的感知也是有个体差异的，因此，期望理论比之前的需求理论更加灵活。

当然，还有很多其他的需求理论，就不在这里介绍了。那么，现在你可以想一想了，这么多的需求理论和模型，它们有什么共同点呢？下面我们将看到 Salancik 和 Pfeffer 是如何分析这个问题的。

（二）需求—满足模型的含义

按照 Salancik 和 Pfeffer 的观点，所有的需求—满足模型都具有以下含义（见图 2 - 1）：

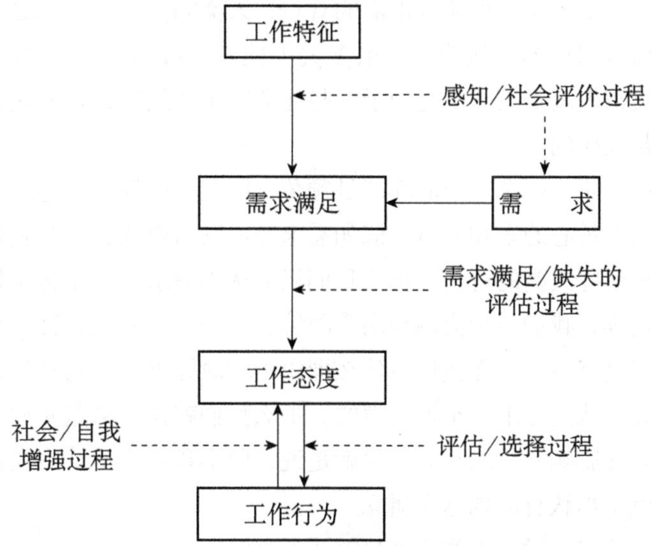

图 2 - 1　工作特征、需求、工作态度和工作行为的需求—满足模型

（1）人类具有普世的、基本的、稳定不变与可鉴别的属性，这种属性就是我们平常所说的需求。

“普世”指的是超越空间和时间的，无论是宗族、区域文化和年代都不会改变的人类的基本属性；“基本”指的是对人类来讲是必需品而非奢侈品，离开了这些需求，人将不再属于人的范畴；“稳定不变”是指不会随着人的年龄和所处环境的变化而变化；“可鉴别”是指这些需求之间存在不同，可以通过一定的方法对其进行观察。

（2）类似地，工作也具有稳定不变与可鉴别的特点，这些特点就是平常我们所说的工作特征。“稳定不变”是指无论是哪种类型的工作都具有一些不随组织类型、年代变化而变化的特点；“可鉴别”是指这些特点在不同工作种类之间存在差别，而且这种差别是可以通过一定的方法进行观测的。

(3) 工作态度[①]是一个人的需求与其所从事工作的特征相互匹配程度的结果变量。也就是说，当工作特征满足了人们的需求时，他们就会表现出较积极的工作态度；反之，人们就会表现出消极的工作态度。

(4) 工作态度可以影响工作行为。从图 2-1 可以看出，该模型明显的因果链是工作特征与个体需求共同作用产生了工作态度，然后工作态度再对工作行为产生影响[②]。

(三) 对需求—满足模型的批判

社会信息加工理论的提出者对需求—满足模型进行了一系列的批评。总结起来大概有以下几个方面。

批评一：需求（need）是先天存在的吗？

对需求—满足模型的批评的第一方面是关于需求的来源问题。到底人的需求来源于哪里呢？按照马斯洛的观点，人类的需求有一部分是天生的，有一部分是后天习得的。然而，有很多关于性功能障碍和肥胖的研究表明，即使是性、饥饿等基本需求都是由于一些社会因素导致的，也就是说可能所有的需求都不是天生的。

科学研究一个重要的功能是预测，即通过已知的、稳定不变的变量来预测那些我们关心的未知变量。假如需求是可以习得的，同时我们也希望通过需求稳定地解释人类的行为，那么我们只能认为需求是在个体早期学习得来的。如果是这样，我们至少会遇到两个困境：第一，按照操作性条件反射的理论，人的学习是终生的。那我们有什么理由相信对需求的学习在早期就会结束呢？第二，如果认定需求是早期习得的，那么我们就说不清楚到底是需求，还是文化的因素在影响个体的行为。也就是说，要不我们不承认有文化这个概念，要不我们就不承认有需求这个概念。

批评二：对需求的定义足够清晰吗？

批评者认为，需求这个概念面临的最大的问题是其模糊性。以马斯洛的需求层次理论为例，在其模型中，越是低层次的需求，其界定就越清晰，饥渴等生理需求界定得非常清楚，包括对生理需求的满足物与需求强度的测量都不存在什么争议，但涉及高层次需求时，则失去了这种清晰性。比如，关于自我实现需求就存在如下的困惑：它是一种不断增长的需求吗？它像低层次的需求一样能够被满足吗？它与自尊的区别是什么？等等。

对于需求概念的模糊定义导致在研究中很难证伪其价值，这可能是很多研

---

① 有必要说明的是，在 Salancik 和 Pfeffer 的理论体系中，工作态度与工作动机属于同义词，这与传统教材中的界定有所不同。在中国的大多数教材中，当讲到动机时，也会指那些稳定不变的特征，如成就动机、权力动机、内在动机等。

② 当然，在这个模型中也有从工作行为到工作态度的因果链。这个因果链可以用自我加强理论来解释，即一个人在回答对某种事物的态度时，他往往根据自己的行为来推测。

究支持需求—满足模型的重要原因。批评者认为，需求看上去不像是从心理现实中抽象出来的一个构念，更像是一个人或者是他们的观察者对环境做出思考和反应的一种方式。比如，如果我们问张三："你为什么会努力工作?"他会回答："工作让我有成就感和满足感，所以我才努力工作。"

批评三：工作特征是客观环境的内在特征吗?

需求—满足模型认为，工作特征是指个体所面对的外部环境现实，它具有独特性和固定性，并且这些特征与个体需求的满足有关。

然而，批评者认为，工作特征根本就不是客观环境的内在特征，而是个体对于工作环境的主观社会建构和描述。比如，有很多研究都发现，工作的客观特征通过个体对工作特征的主观感知而对个体的态度产生影响。再比如，赫茨伯格询问被试他们喜欢的工作具有什么特征时，这些被试往往会回答工作的成就感和工作带来的成长，当问被试他们不喜欢的工作有什么特征时，他们往往回答工作规则、薪水、工作环境和上司等外在环境的特征。赫茨伯格认为，这说明人们倾向于将好的感受描述为内在固有特征和他们自己的工作行为，而将不好的感受指向一些外在的因素。如果你粗通一些社会心理学知识的话，你就会发现这与基本归因服务倾向的结果非常相似，即将好的特征归为内在的，将不好的特征归为外在的。

因此，如果以上推断成立的话，这种社会建构出来的工作特征必然会受到建构者的同事和领导（即社会环境）的影响。

批评四：工作特征是否被任意定义了?

批评者认为，工作特征另外一个突出的问题是它可以被任意地定义。工作深深地嵌入在社会环境之中，有很多情景都可以算是工作特征。比如，工作本身当然算是工作特征，而公司、薪水、工作产出和上司等因素也会影响到人们对工作的感知。因此工作特征可以在很多维度上被定义，而维度的选择会受到社会环境因素的影响。所以我们可以这样理解，所谓的工作特征其实是社会环境强加给工作者的，这种强加的过程就是一个社会影响过程。

批评五：对需求—满足模型的检验方法靠得住吗?

批评者认为，需求—满足模型在方法学上存在很多缺陷。

第一，凡是用需求—满足模型可以解释的变异都可以用一致性反应和启动效应来解释。所谓一致性反应是指，个体加工信息的过程，是一个逻辑化和重新组织的过程，当一个人接受访谈论及自己的态度和信念时，他们倾向于按照一致性的方式组织信息。这种一致性反应可以解释态度和行为之间的相关性。所谓启动效应是指，在一个人被提问时，某些信息被人为地突出出来。因此，个人的态度可以被信息呈现的方式所改变。当问一个人关于他的行为和信念时，访谈者会将被访谈者的注意力定位于某些特殊的信息。因此，当研究者询问被研究者问题时，就会启动被研究者的态度。

第二，这个模型很难有效地解释行为和态度的变异，有人报告只有1%的解释力。

第三，批评者认为，需求—满足模型很难被证伪，因为这个模型可以推导出无限种可能性。

二、社会信息加工理论的主要内容

与需求—满足模型不同，社会信息加工理论认为，需求和态度没有什么根本区别，不过是人为产生的某种结果而已。用一个专业术语来表达的话，需求与态度都是人们构建出来的。也就是说，人们使用需求和态度去描绘和理解自己和别人的行为，需求陈述和态度陈述一样，都是表达人们为什么会做出某种行为方式，因此，需求和态度其实本质上都属于行为的范畴，可以称作反应性行为（Calder & Ross，1973）。

那么一个人是如何构建自己的需求和态度的呢？按照 Salancik 和 Pfeffer（1978）的观点，一个人生活在某种特定的社会情境中，因此他的需求和态度的构建也自然受到社会环境信息的影响，这也是社会信息加工理论的由来。工作的社会情境，以及过去行为结果这两个因素的结合为社会信息加工理论对人们工作态度（当然也是需求）的解释提供了一个崭新的视角。

图 2-2 的三个方框以及它们之间的箭头代表了社会信息加工理论所涉及的主要变量的因果链，它展示了从工作或者任务环境特征到态度（需求），再从态度（需求）到行为的传导机制，以及从行为到态度（需求）的反馈机制。在这个链条的左侧和右侧的变量和箭头主要描述了主链条得以发生的前因机制、中介过程和反馈过程。下面我们将分析该理论的结构与特点。

（一）工作或任务环境特征的社会建构过程

这个过程在图 2-2 中用路径 1 表示①。社会信息加工理论认为，工作特征（包括上司管理风格或者工作条件）不是被客观环境所确定的，而是被员工通过对社会信息的认知加工而建构出来的。依据 Festinger（1954）的社会比较理论，当客观证据不足时，人们很难对外部世界做出判断，此时他们就会与其他人沟通，结果就会产生稳定的社会衍生的对事件的解释及意义。在工作场所，工作特征往往是很模糊的，比如，直接上司的管理风格是什么样子的，工作到底是否有意义，这些特征都很难判断。此时，员工更可能使用同事的评价、领导的解释以及亲友的经验等社会信息对诸如领导风格和工作意义做出判断。

---

① 路径标号是笔者为方便说明添加的。

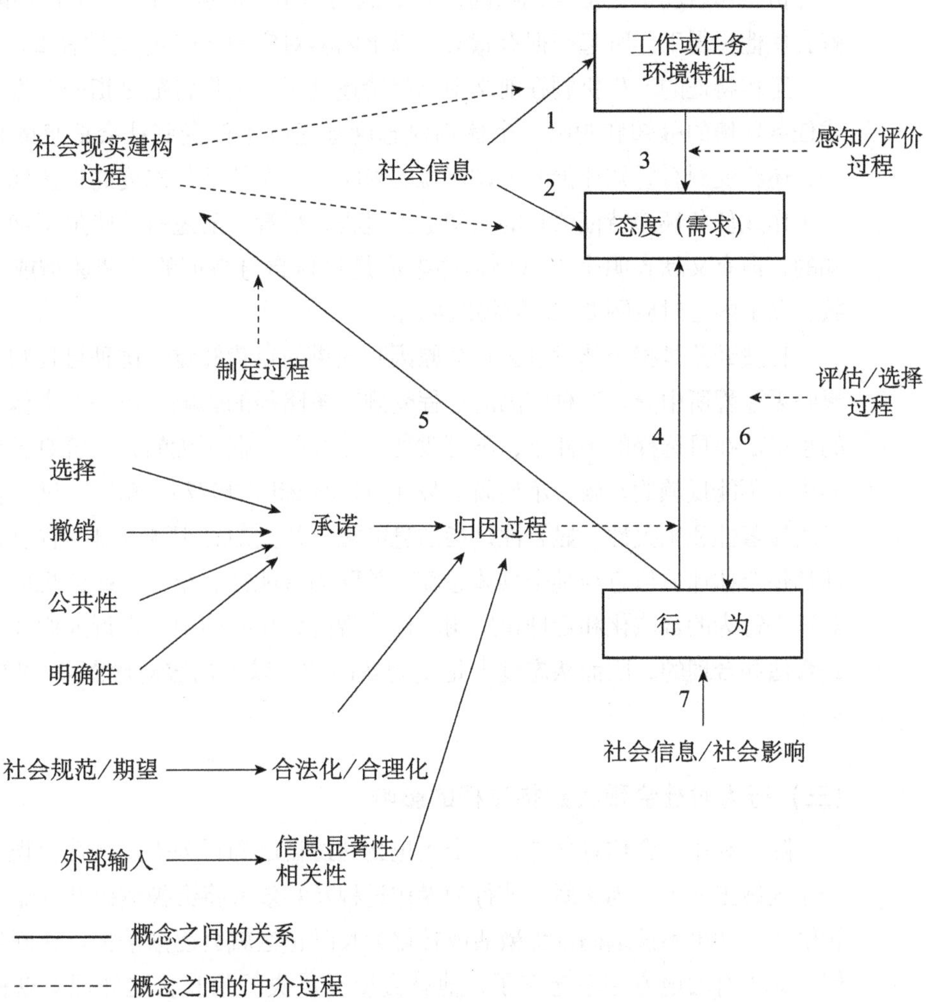

图 2-2　社会信息加工理论的基本框架

(二) 态度（需求）的三种决定因素

态度陈述（或者说是需求陈述，在社会信息加工理论中，这两个概念没有什么区别）受到三个因素的影响：社会信息、工作特征和自我经验。分别对应图 2-2 中的路径 2、路径 3 和路径 4。

所谓社会信息是指社会环境所提供的关于什么是合适的态度的信息。社会信息加工理论认为，人们对事物判断的依据受到判断标准模糊性的影响。当标准比较清晰时，则主要依赖自己的判断力；当标准模棱两可时，则需要听从周围人的意见。行为的态度和工作特征就属于这类标准不清晰的事物。因此，通俗地讲，社会信息是周围的人（包括同事、领导、同学、亲戚、朋友等）所传达的信息和看法。我们经常会看到，如果问一个人对工作的喜好程度，他的回答往往依靠同事的看法。假如他的同事们不断强调工作的重复性，可能会使他认为那份工作看起来是枯燥无味的；假如他的同事不断强调产品的社会重要性，就会使他觉得工作听起来很有意义。以上内容对应图 2－2 中的路径 2。

工作特征的产生机制在前文中已经论述过了。工作特征是指一个人对工作或任务环境的感知和判断。个体构建态度陈述时不仅受到社会信息的直接影响，还会受到有感知评价的工作环境的影响。工作特征与态度的链接代表着关于工作或任务环境特征信息的认知加工过程，尽管目前还有一些加工细节是未知的，但有文献表明个人对物体的态度是物体自身特征的单调递增或递减函数。以上内容对应图 2－2 中的路径 3。

自我经验是指个体对过去行为原因和效果的自我知觉，这种自我知觉被因果归因过程所中介。这种归因的过程受到三条路径的影响。第一，个体对行为的承诺。在可选择的条件下，不可改变、公开的、很明确的，或者对已经发生的事情不能抵赖的时候，承诺就会发生（Salancik，1977）。第二，过去行为信息的显著性和相关性。显著性是指信息能被个体立即意识到的难易程度，相关性是指个体评估信息与某个具体态度有关联的可能性。第三，社会规范和期望对过去行为的合法化和合理化影响。社会规范和社会期望会告诉人们什么行为是合法和合理的，因而从态度上是受到认同的。以上内容对应图 2－2 中的路径 4。

（三）行为对社会现实建构过程的影响

除了利用社会信息之外，一个人也会通过自己的行为去建构社会现实。当一个人做出一个行为之后，该行为操作过程及其效果将会被编码并存储在短时记忆中，如果不被编码过程激活或转化为长时记忆就会逐渐消失。在回忆的时候，如果有的地方想不起来了，他就会填充丢失的信息，这样现实就被重建了。比如，当要求一个人判断他的工作特征时，这个人会回忆自己在工作中的所作所为，由于工作时间较长，他不可能回忆出所有的信息，此时他只能根据自己的大概记忆对工作特征做出判断，这个形成大概记忆的过程就是一个建构的过程（见图 2－2 路径 5）。

（四）态度（需求）对行为的影响

尽管 Salancik 和 Pfeffer 提出态度（需求）陈述是一种反应性行为，但他们认为，员工的内在反应倾向（不一定是态度陈述）还是能够预测其实际行为的，个体通过评估自己对工作特征、社会信息的实际感受来做出判断，随后根据判断选择合适的行为（见图 2－2 路径 6）。

（五）社会信息/社会影响对行为的影响

如果你足够细心的话，你就会发现其实还有路径 7。实际上，Salancik 和 Pfeffer 并没有对路径 7 进行详细说明。路径 7 说明，除了态度等比较稳定的个人特征能够对行为产生影响外，外在环境（即社会信息和社会影响）也会对行为产生影响。你一定还记得特质激发理论，这两个理论在对这个问题的论述上有共同之处，只是这并非社会信息加工理论的重点。

三、社会信息加工理论在论文写作中的应用

社会信息加工理论在论文写作中有着比较广泛的应用。下面将介绍几篇使用社会信息加工理论构建模型或者解释模型的论文。

（一）变革型领导作为一种社会信息对核心工作特征的影响

Piccolo 和 Colquitt（2006）探讨了变革型领导、核心工作特征、内在工作动机、目标承诺、任务绩效和组织公民行为（organizational citizenship behavior，OCB）之间的关系（模型见图 2－3）。在这篇文章中，作者以社会信息加工理论为依据，分析了变革型领导与核心工作特征之间的关系。具体阐述如下：

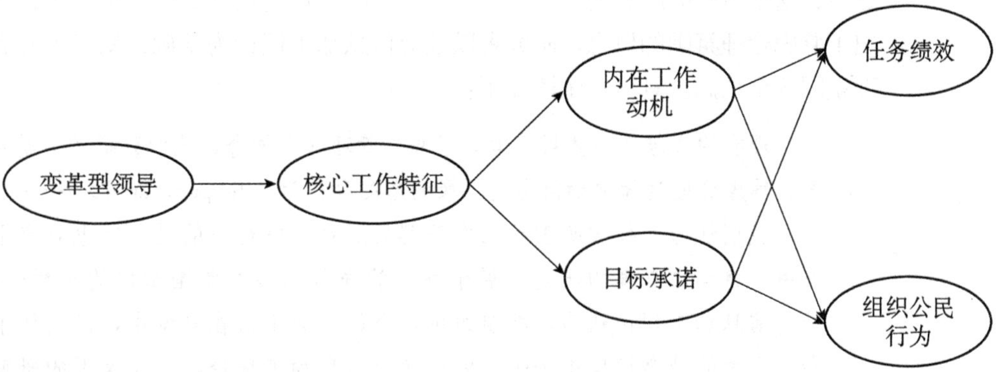

图 2－3　变革型领导、核心工作特征、内在工作动机、目标承诺、任务绩效和组织公民行为的关系

尽管核心工作特征的感知会显而易见地依赖于一份正式的工作描述的结构性，但是变革型领导也能通过他们自己的行为培养这种感知。Smircich 和 Morgan（1982）认为，领导通过"激发意义，说出和界定之前已经存在的未言明的事物……来使下属注意到新的事物……改变主流的看法……"。领导会"构建"和"概括"下属的工作经历来创造日常工作的一个新参考点。

领导力的管理意义类似于 Salancik 和 Pfeffer 提出的社会信息加工理论。社会信息加工理论认为当个体评价工作环境的时候，他们依赖于来自社会环境的信息线索。领导作为工作环境的重要特征，当下属评价工作的时候，领导是相关的信息点。Salancik 和 Pfeffer（1978），Griffin、Bateman、Wayne 和 Head（1987）都认为工作感知不仅仅依靠实际工资的客观特征，而是在做出判断的时候对可获得的工作信息的一种构建。变革型

领导对下属工作环境评价的影响通过口头劝说和对组织任务价值的清晰交流等来实现。①

从以上的分析来看，在这篇文章中，变革型领导属于社会信息加工理论（见图2-2）中的社会信息（或者说他们提供了社会信息的线索），核心工作特征属于工作特征。因此二者的关系可以用社会信息加工理论作为理论依据来进行解释。

你可以思考一下：核心工作特征与内在动机和目标承诺之间的关系是否可以用社会信息加工理论为依据来解释？内在工作动机和目标承诺分别与任务绩效的关系是否可以用社会信息加工理论来解释？内在工作动机和目标承诺分别与OCB的关系呢？

（二）利用社会信息加工理论构建团队层面的变量

Priesemuth、Schminke和Ambrose等人（2014）研究了辱虐管理氛围、团队认同、集体效能感、团队合作、团队OCB和团队绩效之间的关系（见图2-4）。显然，这个研究的所有变量都不是个体层面的。在这篇文章中，研究者首次提出了辱虐管理氛围的概念。研究者以社会信息加工理论为基础，构建了辱虐管理氛围这个构念。具体的阐述如下：

> 现有的文献在个体层面考察了辱虐管理这个构念，他们分析了下属对上司的辱虐管理的知觉如何影响下属的态度和行为（Tepper，2007）……
>
> 我们认为，辱虐管理氛围在理解员工对辱虐行为的反应时也具有重要作用。将辱虐管理的研究拓展于辱虐管理氛围涉及氛围形成的过程……。社会信息加工理论认为，在组织中，个体不会生活在真空中，而是处于复杂、模糊的社会情境中……。依据社会信息加工理论，工作氛围的研究认为，氛围形成的核心是意义构建的过程……。在意义构建的过程中，团队成员之间关于工作事件的经常性沟通和互动培育了这种共享的意义，形成了对工作环境的集体判断（Ehrhart，2004；Naumann & Bennett，2000；Roberson，2006）……
>
> 由于三个原因，辱虐管理所造成的特殊紧张情境激发了员工的意义构建行为。第一，消极事件比积极事情更容易产生意义构建（Folger & Cropanzano，2001；Hastie，1984；Wong & Weiner，1981）。第二，相对于组织的高层管理者，直接上司与其员工具有更加经常性的、直接的关系。因此，直接上司行为对于员工的显著性就使其行为成为员工意义构建的焦点。第三，研究表明，不公平的情景更容易激发个体对于社会信息的意义构建过程。在这种不公平的情景下，团队成员会倾向于互相讨论他们的经历、

① Piccolo R. F.，Colquitt J. A.，2006. Transformational leadership and job behaviors：The mediating role of core job characteristics. Academy of management journal，49（2）：327-340.

分享各自对事件的解释，这会使团队成员对共同经历形成集体评估……。因此，依据社会信息加工理论，这种意义构建的过程会导致对辱虐管理行为的共享，从而会形成辱虐管理氛围。①

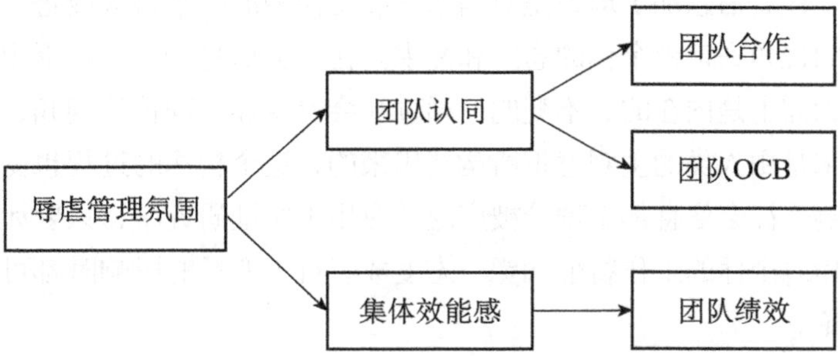

图 2-4　辱虐管理氛围、团队认同、集体效能感、团队合作、团队 OCB 和团队绩效之间的关系

从以上的分析可以看出，这篇论文的研究者并没有利用社会信息加工理论去诠释变量与变量之间的关系，而是主要利用了信息显著性（这个概念在社会信息加工理论中曾经出现过）构建辱虐管理氛围这个团队层面的构念。

（三）利用社会信息加工理论解释个体的缺勤行为

Duff、Podolsky 和 Biron 等人（2015）研究了团队管理者的缺勤行为以及团队整体的缺勤行为对于团队成员缺勤行为的影响。在文章中，研究者利用社会信息加工理论分析了团队的整体缺勤行为与团队成员缺勤行为之间的关系，具体的阐述如下：

> 我们认为，社会信息加工理论可以解释工作场所的社会环境为什么以及如何影响员工对于缺勤的态度，以及该态度所导致的缺勤行为。……
>
> 工作团队是员工工作环境的核心，因此，工作团队成为员工构建环境意义的主要信息来源……。首先，不同的工作和任务环境会影响员工对缺勤规范的理解，比如，严格的缺勤纪律会将减少员工的缺勤行为。……其次，自己以前缺勤后所受到的组织对待，以及团队中其他成员的缺勤所受到的组织对待也会影响到对于缺勤行为的意义构建……
>
> 由此提出假设 2：团队缺勤与个体缺勤行为具有显著的正相关。②

从以上的分析可以看出，这篇文章是将工作团队所提供的信息作为重要的社会线索来源，将缺勤作为一个行为变量，以社会信息加工理论为基础得出：团队层面的缺勤行为会影响团队成员的缺勤行为。请读者自己思考一下：团队

---

① Priesemuth，M.，Schminke，M.，Ambrose，M. L.，2014. Abusive supervision climate：A multiple-mediation model of its implication on group outcomes. Academy of management journal，57（5）：1513－1534.

② Duff，A. J.，Podolsky，M.，Biron，M. et al.，2015. The interactive effect of team and manager absence on employee absence：A multilevel field study. Journal of occupational and organizational psychology，88（1），61－79.

层面的缺勤行为是应该对应图 2-2 中的社会信息，还是应该对应工作特征呢？

四、对社会信息加工理论的评价与反思

社会信息加工理论是对需求—满足模型的一个极大改进，它提供了一个全新的视角去审视个体的态度和需求。在社会信息加工理论提出之前，人们大多认为需求是内在的、不变的。通过社会信息加工理论的视角，我们发现态度和需求是由人类的主观意识所构建出来的，这个构建的过程也受到了社会信息的影响。社会信息加工理论被广泛地应用于实证研究中，只要涉及一个情境或者环境对个体的工作特征知觉、态度或者行为变量的影响时都可以考虑使用这个理论。

当然，社会信息加工理论与需求—满足模型也存在一些相同之处：首先，二者都承认存在着从工作特征到工作态度，从工作态度再到工作行为的因果链，即二者都承认态度在预测行为中的核心地位。其次，二者都认为行为对态度存在反馈机制。

图 2-2 中的路径 6 和路径 7 分别说明内在因素（态度）和外部环境（包括社会信息和社会影响）对于行为的影响机制。然而，由于社会信息加工理论的着力点并不在此，因此对于内在因素和外部环境影响行为的具体方式和机理并没有详细讨论，它甚至对于态度是什么、社会信息和社会影响又分别是什么这两个问题都留有大大的问号。随后讲到的情感事件理论和已经讲过的特质激发理论分别对这两个问题给予了回答。

主要参考文献

[1] Duff, A. J., Podolsky, M., Biron, M. et al., 2015. The interactive effect of team and manager absence on employee absence: A multilevel field study. Journal of occupational and organizational psychology, 88 (1), 61-79.

[2] Piccolo R. F., Colquitt J. A., 2006. Transformational leadership and job behaviors: The mediating role of core job characteristics. Academy of management journal, 49 (2): 327-340.

[3] Priesemuth, M., Schminke, M., Ambrose, M. L., 2014. Abusive supervision climate: A multiple-mediation model of its implication on group outcomes. Academy of management journal, 57 (5): 1513-1534.

[4] Salancik, G. R., Pfeffer, J., 1978. A social information processing approach to job attitudes and task design. Administrative science quarterly, 23 (2): 224-253.

[5] Salancik, G. R., Pfeffer, J., 1997. An examination of need-satisfaction models of job attitudes. Administrative science quarterly, 22 (3): 427-456.

第3章
态度能够决定一切吗
——情感事件理论的回答

多年以前，中国足球曾经在一位外籍教练的带领下冲出了亚洲，这位教练常挂在嘴边的名言是“态度决定一切”。这句话当时在足球界乃至全国都非常流行，时至今日还会经常被人们提起。

那么这句话在多大程度上是合理的呢？我们不妨咬文嚼字地追究一番。

“一切”这个词是一种修辞手法，你对此不必较真儿，态度当然不能决定所有的事情。这句话想表达的应该是，态度是决定人的行为选择与成败的至关重要的因素。成败我们姑且不谈，态度是否真的可以决定人的行为呢？除了态度之外，其他心理因素就没有作用了吗？

如果你已经读完了前面的章节，你一定会回答，当然有！是的，特质激发理论告诉我们，特质与环境都可以影响个体的行为；社会信息加工理论告诉我们，社会信息和社会影响可以影响个体的行为。其实，如果你接着读的话，你还会发现，随后介绍的计划行为理论也主要涉及这个问题，它将告诉我们，除了态度之外，控制感和社会规范会影响个体行为；能力—动机—机会模型将告诉我们，除了态度类的因素外，能力和机会也会决定个体是否做出某种行为。

除了以上种种因素外，还会有其他的吗？当然有，那就是情绪。当然，按照情感事件理论的观点，不应该说是情绪，准确地来讲应该是情感，这会在本章详细介绍。

提出情感影响行为，马上会引出一大堆的问题，比如，情感与其他因素在决定行为时是简单累加关系吗？如果是简单累加关系，哪个因素所占的权重更重要一些？如果不是简单的累加关系，情感与这些因素之间在决定行为时有先后顺序吗？有调节变量、中介变量的区分吗？……

情感事件理论不仅仅提出了情感这个影响因素，更重要的是，它详细地分析了情感是如何与之前所讲的那些因素（包括工作态度、人格特质、工作特征、社会环境等等）一起来影响个体行为的。

以下部分，我们首先介绍 Weiss 和 Cropanzano 为什么要提出情感事件理论（即理论的产生背景），然后介绍情感事件理论的核心内容以及如何利用情感事件理论进行假设开发，最后我们对情感事件理论进行反思和分析。

一、“工作态度”的定义与生成——情感事件理论产生的背景

组织行为学的一个基本任务就是要解释和预测员工的行为，大量的理论实

际上都是围绕着这个目的展开的。我们已经看到了，社会信息加工理论花了很多篇幅来分析工作态度是怎么产生的，以及它与员工行为的关系。本章要介绍的情感事件理论的提出也跟工作态度这个概念有关，关于工作态度的定义以及态度产生机制的研究，都让 Weiss 和 Cropanzano 这两位学者迫切地认识到，必须考虑情感这个因素对员工行为的影响。

（一）工作态度二维结构引发的思考

关于工作态度的结构，学者们有两种不同的观点。第一种观点认为工作态度就是一种情感反应，不妨将该观点命名为单维观点，代表性的人物是 Cranny、Smith 和 Stone。他们（1992）将工作满意度定义为“通过工作中的实际结果与个体期望结果的比较之后，而对工作产生的积极和消极的情感（affective）或者情绪（emotional）反应”。

第二种观点可以称为复合型观点，代表性人物是 Wiggen。Wiggen（1989）认为，“情感”与“满意度”并不完全一样，“满意度”是一种价值判断，主要来源于两个方面——一部分直接来源于情感反应，另一部分源于对工作的信念。所谓工作信念就是个体通过将自己的目标与工作环境特征进行匹配，从而对目标的实现程度形成的认知上的判断；情感是通过态度目标物激发出来的，是对目标物的情感体验。比如在其他条件不变的话，窗明几净的工作环境会让人非常愉悦，支持性的老板让人心生工作的激情……因此，工作态度是“情感反应＋信念”的结果（如图 3－1 所示）。

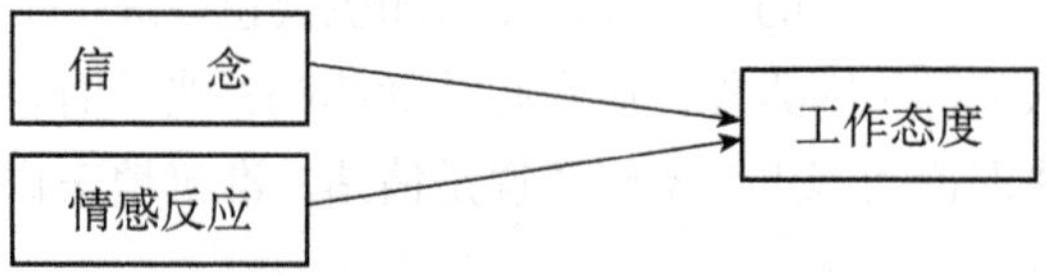

图 3－1　工作态度的构成

在两种观点的争论中，人们渐渐接受了复合型的观点，单维观点日渐式微。目前人们普遍接受的工作态度的定义是：一个人对工作和工作情境所产生的积极或消极的价值判断。

情感事件理论认为，当我们将情感当作工作态度的一个成分时，马上就会出现如下一些需要解答的问题：第一，既然工作态度会影响工作行为，那么作为工作态度一个成分的情感也会影响工作行为。然而，当时关于情感是如何影响工作行为的理论探讨和实证研究非常稀少（当然，现在已经很多了。这要归功于情感事件理论的提出）。第二，既然情感和工作态度是部分重叠又不完全相同的概念，那么它们就可能会有不完全相同的前因与结果变量。也就是说，二者的产生原因和对工作行为的影响就有可能会不同。然后，当时对这种不同的理论探讨和实证分析也非常稀少。首先迫切需要解决的是，如何在理论上说清楚这些不同。

以上这两个问题的解决都需要提出一个理论框架，这其实是情感事件理论提出的最初动因。除此之外，Weiss 和 Cropanzano 在综述工作态度的产生机制时，进一步提出了研究情感对行为影响的必要性。

（二）工作态度的三种研究取向

在历史上，关于工作态度的研究主要有三种思路和方法，也就是我们所说的取向。它们分别是：认知判断法（cognitive judgment approach）、社会影响法（social influence approach）和特质法（dispositional approach）。

取向之一：认知判断法。认知判断法是关于工作态度研究中最重要的方法之一，很多有关的研究都是基于这一取向而展开的。顾名思义，认知判断可以分为两个过程——认知与判断。所谓认知，即员工对环境特征的感知过程。在工作场所中，工作环境既可以是抽象的，如工作特征、薪酬水平、升职机会等，也可以是具体的，如环境中的噪声很大、直接上司很严厉等。所谓判断，即员工将对环境的感知与自身的标准进行比较，并对两者的匹配程度进行评估，评估过程之后就会形成工作态度（如图 3－2 所示）。

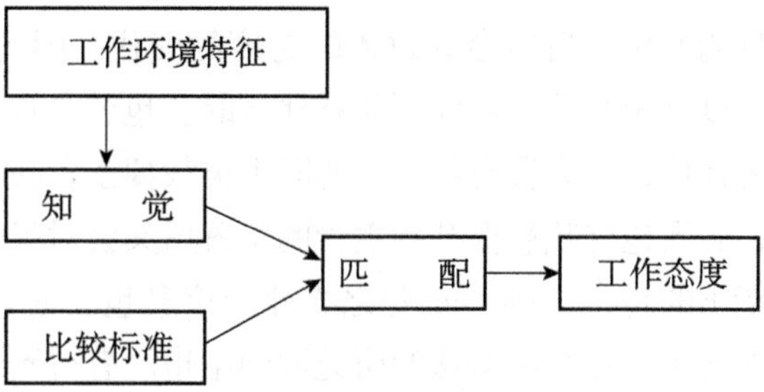

图 3－2　认知判断法

从图 3－2 中可以看出，认知判断法同时考虑了工作环境特征和比较标准的影响。由于外部环境特征和人的内在标准都是相对稳定不变的，因此二者的匹配结果（即工作态度）自然也是稳定不变的。

然而，这个逻辑会产生一个很大的困扰：我们的工作态度是不变的，可我们自己的工作行为每天都在发生波动，这如何解释呢？比如，一位从不迟到的员工由于晚上没睡好，早起后异常烦躁——“今天还要上班啊？真不想去!”最后竟然真的没去上班；很多人发薪水当天心情会比较好，工作也比较卖力；一个工作狂被老板莫名地批评了一通，整个下午都不想工作了；等等。对于这种工作中的行为变化，认知判断法一概认为是误差。但显然，以上三个例子都是由于员工的心情变化所引起的行为变化，而不能简单地归为误差。

取向之二：社会影响法。严格来讲，不能说社会影响法是与认知判断法完全不同的研究取向，它只是在认知判断的基础上增加了社会信息的影响，因此是认知判断法的一种有益的补充。

20 世纪 70 年代，社会信息加工理论的提出对于社会影响法起到了重要的推动作用，依据社会信息加工理论，社会影响法认为，社会信息对员工整体的态度倾向以及员工对工作特征的知觉有直接或间接的影响（如图3-3所示）①。

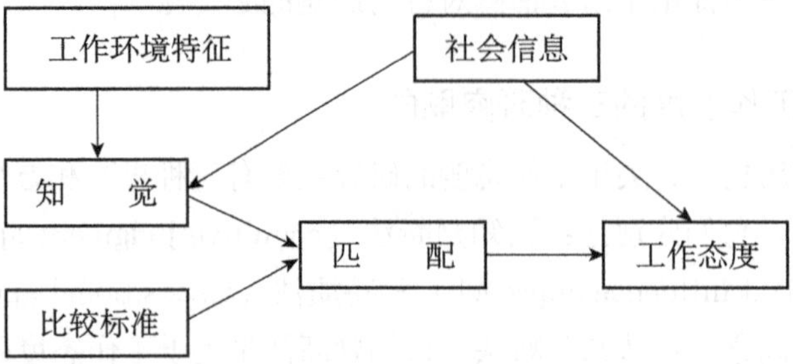

图3-3　社会影响法对认知判断法的补充

不过，需要提醒你注意的是，千万不要认为社会影响法只是简单地对认知判断法的补充，仔细分析也有很大的不同，甚至是颠覆性的不同。如前文所述，在认知判断法的视角来看，个体的态度是稳定的。而依据社会影响法的视角来看，由于社会信息包括的内容不但是广泛的，也是很具有动态性的，比如同事的评价、领导的宣讲，以及自己的日常行为和经历，每天都有所变化。这些社会信息的变化，自然会导致人的态度的变化。因此，在社会影响法看来，一个人的态度是短暂的、可以不断被建构的。也就是说，今天我对自己的工作可能是某种评价，明天我看到自己的同事被裁掉了，我对工作可能就会做出另外的评价，后天也许我被提升到主管的位置后又会对工作产生新的看法……

需要指出的是，这种不断变化的社会信息也会时刻影响着我们的情感变化，而这些变化在社会影响法的研究取向中也没有得到体现。

因此我们可以这样做一个总结：社会影响法与认知判断法相互联系又彼此不同，社会影响法以认知判断法为基础，但却否定了态度的稳定性这一特征。同时，二者都没有考虑情感对行为的影响。

取向之三：特质法。如果说，社会影响法与认知判断法之间还有一些相似之处的话，特质法可谓是对认知判断法的彻底颠覆了。

特质法认为，个体的工作满意度折射出的是他对生活所有方面好与不好的感受，因此，个体对工作的态度不是由工作环境特征这些外在的环境信息决定的，而是由于其自身稳定的特征影响（即特质和需求）来决定的。也就是说，不论处在多么好的工作条件之下，有的员工总会对他的工作不满意，因为他就是那种永远不开心的人；反过来也一样，无论处在多么不好的工作条件下，有的员工总会对工作满意，因为他就是那种乐天派。

你可能会问，有这样的人格特质吗？从目前的研究结果来看，积极情感

① 图3-3是Weiss与其同事所描述的社会信息的影响作用。依据笔者的观点，图3-3的表述并没有准确地反映社会信息加工理论的理念。读过社会信息加工理论的读者一定会看出来，“比较标准”其实是社会信息加工理论所极力否认的特质和需求，因此比较标准也是可以被社会信息影响的。

(positive affectivity，PA) 和消极情感 (negative affectivity，NA) 是比较常用的用来预测员工工作态度的两种特质。高积极情感的员工会更加活泼、更加社会化并会有积极的心境；而高消极情感的员工则会更加悲伤、沮丧，他们只关注事物的消极方面。Cropanzano、James 和 Konovsky (1993) 通过研究发现，积极情感与消极情感均与满意度有关；Watson 和 Slack (1993) 的研究也发现，积极情感甚至能够预测长达两年以后的工作满意度。

从以上的分析来看，特质法实际上认为态度是由个体的一些内在因素决定的，而认知判断法（包括社会影响法）则认为态度是由于个体外在环境的一些特征诱发的。二者对态度产生的原因具有截然不同的看法。

吊诡的是，特质法和认知判断法也有共同之处，二者都认为态度表示的是一种相对稳定的构念，而这恰恰又是社会影响法所极力反对的！

可以这么说，三种研究取向你中有我，我中有你；同时，三者又互相批驳。Weiss 和 Cropanzano 认为，这是由于没有充分考虑情感的作用所导致的，必须提出一个新的理论，该理论可将工作行为、工作态度、情感、认知判断等概念整合起来，这样才能够从根本上解决出现的争论。情感事件理论就这样产生了。

二、情感事件理论的主要内容

情感事件理论 (Affective Events Theory，AET) 是由 Weiss 和 Cropanzano (1996) 提出来的。如上文所述，从关于工作态度产生的三种研究视角来看，大部分停留在认知和特质的角度，对情感的相应研究远远不够，这在实践中导致了很多难以解释的现象存在，在理论开发中出现了很多不相容的理论观点。为了解决这种困境，Weiss 和 Cropanzano 提出了 AET。

我们可以先从三个方面来概括情感事件理论，然后再做详细介绍。

第一，AET 认为，工作环境特征会直接影响个体的工作态度（这仍然是传统思路），同时，工作环境特征会导致工作事件，工作事件会使员工产生情感反应，情感反应再对工作态度产生影响。这实际上回应了以往关于情感与态度关系的争论。即认为态度和情感不同，态度可能会受到环境特征的直接和间接影响，直接影响是传统思路，间接影响是指环境特征通过影响员工的情感来影响工作态度。

第二，情感事件理论进一步指出，情感反应不仅可以影响人的工作态度，还可以直接和间接地影响人的行为。为此，理论的提出者将员工的行为区分为两类：情感驱动行为和判断驱动行为。情感驱动行为是由情感直接诱发的，判断驱动行为是受到工作态度影响而做出的。笔者自己认为，这种对行为的分类方法是该理论的一个亮点。

第三，员工的特质因素会直接和间接影响其情感反应。直接效应很容易理解，一个从特质上来讲脾气暴躁的人，在遇到同样的事件时，其情绪体验会比一般人更加强烈。间接影响是指个体的特质会影响情感事件和情感反应之间的关联强度，也就是我们所说的调节变量。

情感事件理论的整体模型如图 3-4 所示。下面我们将详细地介绍该理论涉及的几个重要概念以及概念之间的重要链接，我们首先从情感、情绪与心境的含义与结构讲起。

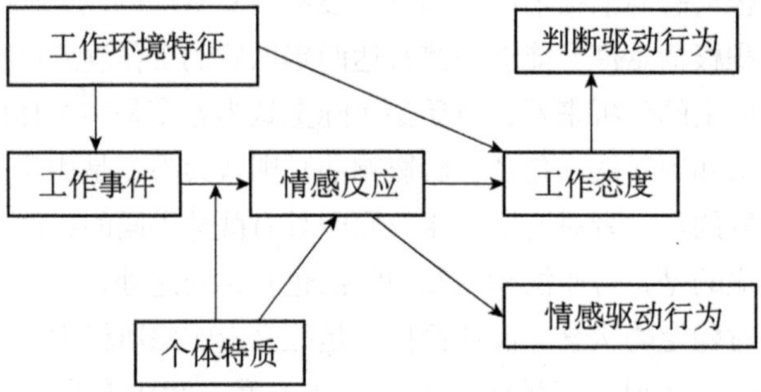

图 3-4 情感事件理论的整体模型

(一) 情感的含义与结构

在了解情感研究之初，大家首先要弄清楚[①]三个词的含义：情感（affect）、情绪（emotion）和心境（mood）。

情感是情绪和心境的统称。也就是说，当我们说到情感时，既包括了那种强度比较大的情绪反应，也包括了那种强度较弱、持续时间比较长的弥散性的心境。

情绪是我们经常说起的一个词。研究者们比较一致地认为，情绪不是个体本身所具有的特质，而是个体对事件的反应；情绪反应不是某一个单独的反应，而是一系列相关的反应。

按照 Frijda（1993）的观点，每种情绪反应都应包含四个方面：事件评估、体验、生理变化和行动准备。事件评估是指人们对某个具体事件的评估，评估会让个体产生愉快或不愉快的感受；体验是指人们所体会到的非认知的情绪性感受；生理变化是指情绪所伴随的生理指标的变化，如心跳加快、面红出汗等；行动准备是指情绪可以通过使个体提高警惕和唤醒水平来做好应对外界环境的行动准备。

学者们目前普遍认为，情绪可以划分为原始情绪和二级情绪两种。原始情绪（primary emotions）是指最基本的情绪，包括愤怒、恐惧、悲伤、喜悦、厌恶、惊奇（Ekman，1992）。二级情绪（secondary emotions）是由基本的情绪组合而产生的不同的情绪状态。

相对于情绪来讲，研究者对于心境的研究时间还较短，并且相对集中。Frijda（1993）和 Morris（1989）通过研究发现，心境与情绪有三个重要区别：

① “弄清楚”在这里是知道的意思，对这三个词的理解其实没有对错之分，弄清楚只是为了减少误解，达成一致的理解。

强度（intensity）、持续时间（duration）以及弥散性（diffuseness）。具体来讲，与情绪相比，心境的强度更小、持续时间更长、行为反应更加缺乏具体性(即更加具有弥散性)。很多研究者指出，弥散性是区分情绪与心境的最主要的判断标准。

关于心境的结构，目前有两种不同的看法。一种看法认为，心境可以分为积极情感（好的感受）和消极情感（不好的感受）两个维度，另外一种看法认为，心境可以分为效价和强度两个维度。

(二) 事件对情感的影响

工作中的事件影响个体的情感，情感又进一步促进了个体产生某种态度或行为，这是情感事件理论的主要路径（如图 3－5 所示）。

图 3－5　情感反应的中介作用

情感事件理论的这条路径强调了事件在引起情感反应时所起的作用，以及其如何通过情感反应的中介作用进一步影响个体的态度。我们先来探讨工作中的事件是如何诱发个体的情感反应的。如前文所述，情感包括情绪和心境，首先讨论事件对情绪的影响。

字典中将事件定义为“一个意外发生的尤其是意外发生的重要的事”或是“在特定时间、特定地点发生的事”。这些定义都强调变化，一方面是外在情境的变化，另一方面是个体内在体验的变化。

当然，并不是所有的事件都会对人的情绪产生影响。判断一个事件是否会对情绪产生影响，需要回答两个密切关联的问题：第一，哪些事件具有情绪意义？第二，事件的具体表现如何导致个体产生具体的情绪体验？

依据情绪的认知评价理论，情绪的产生要经历两阶段的评价过程：初级评价和二级评价。个体对事件的初级评价主要包括个体福祉（well being）和事件的重要性。如果对个体福祉有利则判断为积极，反之则为消极。事件的重要性判断主要影响情绪反应的强度，越是重要的事件，情绪反应则越强烈。有人可能会问，福祉和重要性的判断依据是什么？与个人的目标和价值观有关，即个体对某件事情有利或不利的判断源于其对目标的承诺（goal commitment）。但是，需要特别指出的是，积极事件和消极事件对个体情绪的影响是不对称的，消极事件比积极事件能产生更强的情绪反应和更强的主观情感感受（Taylor，1991）。二级评价也可理解为意义分析（meaning analysis），即个体通过对环境中的具体线索进行评估（比如事件可能的结果、事件产生的原因、自我对事件的应对能力等）而产生的具体的情绪反应。通过二级评价，个体才会产生愤怒、哀伤和高兴等具体的情绪。

相对于情绪的研究，人们对于事件对心境的研究就显得少了很多。Morris (1989) 认为，心境有四种产生途径。第一，心境是轻度积极或轻度消极事件的结果；第二，心境始于情绪反应，心境总是在情绪之后产生；第三，心境源于对情感事件的回忆，对当前情感事件的认知过程能够直接影响心境；第四，对某种强烈情绪反应的抑制过程能够产生心境。

总之，工作中的事件能够给个体带来一系列的影响，能够通过影响个体的情感反应进一步影响个体的工作态度。

(三) 情感驱动行为与判断驱动行为

在情感事件理论中，情感是如何解释行为的呢？为了厘清工作场所情感与工作行为两者间的关系，情感事件理论的提出者首先将人的行为区分为两类——情感驱动行为（affect driven behaviors）与判断驱动行为（judgment driven behaviors）(见图 3-6)。

情感驱动行为是情感经验的直接行为反应。例如，有研究发现，情感能够促使个体表现出帮助行为（helping behaviors）或形成信息处理策略（information processing strategies）(Morris，1989)。按照我们的经验，当我们处于一些强烈的情绪状态中时，我们都会表现出一些具体的应对反应，而这种应对反应又会对工作绩效产生一定程度的影响。由于个体的情感水平是上下波动的，因此，情感驱动行为的持续时间往往比较短，变化性比较大。比如，当员工被领导批评后，就会产生挫折或不愉快的情感反应，这些消极的情感会导致该员工破坏设备或者与同事争吵的行为。再如，由于早晨心情不好，员工会做出迟到和旷工的行为。这些行为都属于情感驱动行为。

判断驱动行为是指个体的情感反应通过影响其工作态度，进而通过工作态度来产生的相应行为，也就是说，个体的态度在情绪反应与行为表现之间起到了中介作用。判断驱动行为受个体对工作总体的认识与评价的影响。比如，员工的离职行为一般不只是出于情绪冲动，而更可能是深思熟虑之后对工作形成总体的评价判断，如"觉得这样不会有发展前景"，进而做出的决策。这种行为即为判断驱动行为。

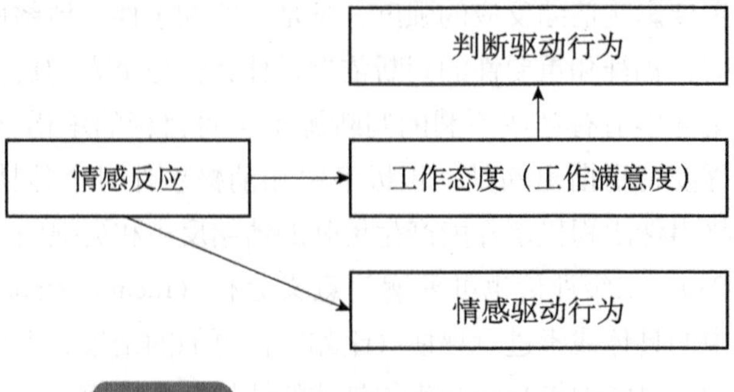

图 3-6　情感驱动行为与判断驱动行为

(四) 个体特质与情境对情感反应的影响

个体特质有一部分是由其生理特征决定的，具有基因的基础。从图3-7中可以看到，个体特质对情感反应的影响分为两条路径。第一条是个体特质直接影响情感反应。例如，有研究表明，在控制了报酬水平和工作年限这两个情境变量之后，个体的积极情感和消极情感可以解释工作满意度29%的变异。

第二条路径是个体特质与工作事件一起共同影响情感反应（用统计学的术语来讲就是交互作用）。这条路径认为，情感水平会随时间的发展而波动，这些情感类型的原因可通过内源性（如已知的情绪周期、情感特质）或外源性（如会持续影响当前情感类型的情感相关事件）的因素进行解释。

Bittle和Hausenstein（1990）的研究发现，只有当工作环境不丰富或者是负面的时候，个体的消极情感特质才会与工作满意度有关系。当处于一个总体正面的工作环境时，消极情感与工作满意度的关系并不显著。因此，情感特质只是一个情感准备状态（专业术语叫倾向性），可以预测个体在积极或者消极的情感事件中的情感强度，而不能预测情感性质本身。

当然，事件也会单独地对情感起作用。比如有研究发现，天气、空气污染、噪声和拥挤等因素都会对个体情感产生影响，进而会影响个体的行为（Bell，Garnard，& Heath，1984；Cunningham，1979；Rotton，1983；Oldham & Fried，1987）。

总之，情感事件理论认为，情感特质和事件（即情境）可以分别单独影响个体的情感，进而影响个体的行为。同时，情感特质与事件也可以交互影响个体情感的产生，进而影响个体的态度与行为。

另外值得一提的是，情境也有可能改造个体的特质。例如，Kohn和Schooler（1982）通过研究发现，压抑的工作环境加重了个体压力的特质水平（trait levels of personal distress），从事大工作量以及有很严格的工作时间限制的劳动者，其特质压力水平（levels of trait-based distress）会更高。

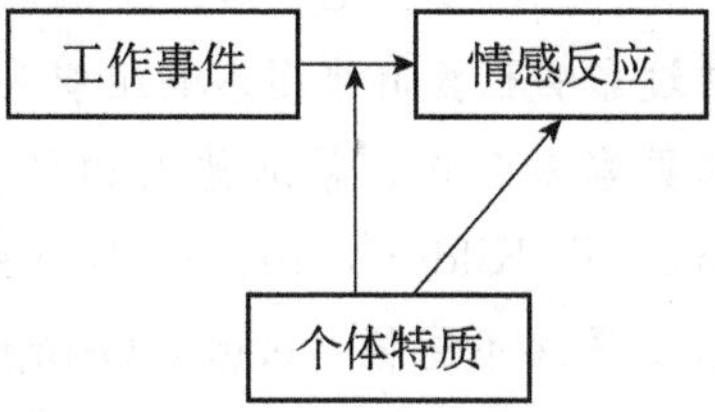

图3-7 个体特质在情感事件理论中的作用

三、情感事件理论在论文写作中的应用

(一) 情感事件理论对比较行为、积极情感和组织公民行为关系的解释

Spence、Ferris、Brown和Heller等人（2011）研究了向上比较、向下比

较、积极情感与组织公民行为之间的关系，并考察了世界公平信念的调节作用。具体的模型见图 3-8。在这篇文章中，研究者依据情感事件理论分别分析了向上比较和向下比较与积极情感之间的关系，以及积极情感与组织公民行为之间的关系。具体的阐述如下：

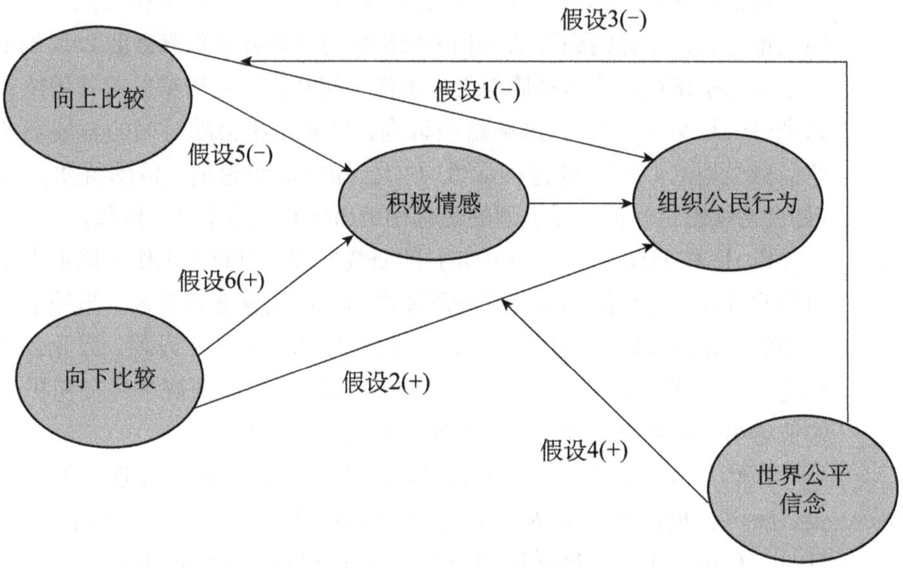

图 3-8　积极情感对组织公民行为的影响模型

情感事件理论认为，情感在工作场所事件和工作场所行为之间具有重要的中介作用。特别地，情感事件理论指出，情感是由情感事件——这种环境的变化产生的（Weiss & Cropanzano，1996）。与工作有关的事件比如有同事的行为，目标的实现或者失败，影响力、权力或者是控制的缺失等（Basch & Fisher，2000）……

按照社会比较的定义，社会比较可以改变比较者对于当前环境的知觉（Wood，1989）……，社会比较起到了情感事件的功能。因此，……社会比较可能会通过影响积极情绪而影响组织公民行为。……实际上，具有积极情绪的个体更容易合作、帮助他人和更加慷慨（Isen & Baron，1991；Toegel，Anand，& Kilduff，2007）。以往的研究发现积极情感是组织公民行为的前因变量并不奇怪（e. g.，George & Brief，1992；Ilies et al.，2006；Lee & Allen，2002）。因此，提出如下假设：

假设 5：积极情感部分中介了向上比较与组织公民行为之间的关系。

假设 6：积极情感部分中介了向下比较与组织公民行为之间的关系。①

从以上的分析可以看出，这篇论文的研究者实际上是将向上比较和向下比

① Spence，J. R.，Ferris，D. L.，Brown，D. J. et al.，2011. Understanding daily citizenship behaviors：A social comparison perspective. Journal of organizational behavior，32（4）：547-571.

较作为情感事件，利用情感事件理论分析了从向上（向下）比较到组织公民行为的积极情感路径。显而易见，该研究者假定组织公民行为是一种情感驱动的行为，而非由工作态度驱动的理性行为。但是，论文并不能排除组织公民行为由工作态度驱动的可能性。

（二）情感事件理论对政治策略、情感和工作态度关系的解释

Thiel 和 Hill（2014）等人利用情感事件理论分析了领导者所采用的政治策略对于情感和工作态度的影响（见图3－9）。具体的分析过程如下：

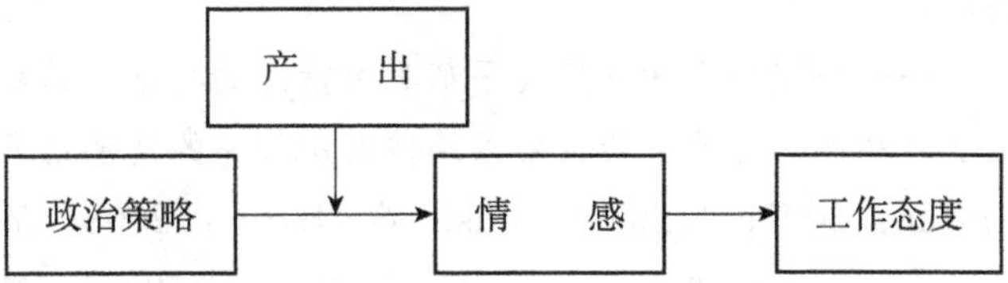

图3－9　政治策略、情感和工作态度之间的关系

本研究将领导所使用的政治策略作为情感事件，情感反应是基于对策略的感知（被认可的政治策略与不被认可的政治策略），继而引发个体后续的态度反应，……不被认可的政治策略是指那些具有很重个人私利成分的策略（Drory & Romm，1990；Ferris，Russ，& Fandt，1989；Vigoda，2002）。被认可的政治策略是指具有合法性的、经常会惠及更大群体的策略（Fedor，Maslyn，Farmer，& Bettenhausen，2008）。

Zanzi 和 O'Neill（2002）等人通过因素分析得出的恫吓、攻击他人、操控、信息控制、利益交换和规则规避等就属于不被认可的政治策略，而结盟、指导、设定超高目标等则属于被认可的策略。

情感事件理论提出，员工会评估工作中的事件，这种对工作事件的评估有时会激发情绪反应，情绪反应会导致工作态度和工作行为的产生（Weiss & Cropanzano，1996）……

领导者的言语和行为对于其下属的情感反应具有不可忽视的影响（Awamleh & Gardner，1999；Bryman，1992；Dasborough & Ashkanasy，2002；Erez et al.，2008；Gaddis et al.，2004；Lewis，2000；Lord & Maher，1991；McColl-Kennedy & Anderson，2002）。以情感事件理论为框架，Dasborough 和 Ashkanasy（2005）通过内容分析的方法考察了下属对领导行为反应的一些记录，发现这些反应本质上都是情绪性的……。在另外一项研究中，Basch 和 Fisher（2000）描述了一些类似于不被认可的政治策略的领导行为，比如“消极管理行为”或者“影响和控制行为”，发现员工对这些事件的反应是挫败感、失望、恼怒、愤怒、不开心、尴尬、悲伤、厌恶、伤心和痛苦等。相反地，如果是被认可的政治策略，会诱发积极的情绪反应。……

情感事件理论认为（Weiss & Cropanzano，1996），情感事件不仅会对短期知觉有影响，也会影响稳定态度的形成。被认可的政治策略和不被认可的政治策略都是具有情感性质的领导行为，这些行为会塑造下属对于组织实践和组织生活的态度。而这种态度就来源于对组织中发生事件的消极和积极情感反应。实际上，很多综述和实证研究都发现了政治策略与态度之间的关系（Chang et al.，2009；Harris，Andrews，& Kacmar，2007；Kacmar et al.，1999）。领导者的政治策略所传递的信息会影响下属对于领导和组织的情绪，情绪随之又会影响下属对于领导和组织的态度。

……分配公平和程序公平都具有情感的特征，这些特征可能会受到不被认可和被认可的政治策略以及他们所传递的情感信息的影响（Barsky & Kaplan，2007；Cohen-Charash & Byrne，2008；Weiss，Suckow，& Cropanzano，1999）。……另外，De Cremer（2006）等人发现，被定义为“高质量”的领导影响力行为会导致更好的公平知觉，包括政治策略在内的影响行为会通过情绪反应提高公平知觉……。Dulebohn 和 Ferris（1999）等人认为，下属所感受到的建言及其影响绩效评估的程度与公平感的评价正相关。被认可的政治策略，由于鼓励员工参与、点子分享、分布决策和合作，会使得下属在资源分配的过程和结果方面产生更大的公平感。这是由于这些策略产生了积极和消极情感。因此，我们提出如下假设：

假设 1a：领导对策略的使用（被认可的政治策略 VS 不被认可的政治策略）使个体产生对程序公平更好的感知，个体的情感在其中起到中介作用。

假设 1b：领导对策略的使用（被认可的政治策略 VS 不被认可的政治策略）使个体产生对分配公平更好的感知，个体的情感在其中起到中介作用。

被认可的和不被认可的政治策略可能会传递领导有效性的信息。在这里，情感反应再次成为连接政治策略和领导有效性知觉的内在机制。情感事件理论认为，情感事件所诱发的情感会影响个体对组织和其成员的态度（Weiss & Cropanzano，1996）。……激发情感的领导行为也会影响对领导有效性的评价（Dasborough & Ashkanasy，2009；Gaddis et al.，2004；McColl-Kennedy & Anderson，2002；Staw & Barsade，1993；Waples & Connelly，2008）。

……领导归类理论认为，当领导的行为与下属对领导行为的原型预期一致时，下属就会喜欢领导的行为（Lord，1985；Lord et al.，1982；Lord & Maher，1990）。……被认可的政治策略推动了领导者与下属间的合作行为，因此与下属的期望保持了一致。而不被认可的政治策略可能被知觉为抑制性、排他性、威胁性和欺骗性的，会导致与下属期望的违反。因此，我们提出如下假设：

假设2：领导对被认可策略的使用使个体对领导有效性有更好的感知，个体的情感在其中起到中介作用。①

从这篇文章来看，作者其实是将政治策略当作情感事件、个体情感当作情感反应、组织公平感（程序公平和分配公平）和领导有效性当作工作态度，利用情感事件理论对以上三个变量之间的关系进行了分析。

（三）对情感事件理论的完整检验

Carlson和Kacmar等人以情感事件理论为基础，提出了一个包含四个步骤的中介模型（见图3-10），该模型中包括了工作—家庭增强、积极情绪、工作满意度和工作绩效等四个变量。具体见下：

情感事件理论的核心观点认为，一个人对工作场所事件的情感反应很大程度决定了他的态度和随后的行为。情感事件理论强调了情感反应在工作态度形成中的作用。情感指的是员工的心境和情绪，态度则是一种基于情感的评价性和认知性判断。情感事件理论特别提出，工作满意度作为一种态度，是由个体的情绪和心境产生的。

实证研究基本支持了情感事件理论的核心观点，有些研究证明了工作事件影响工作满意度（Mignonac & Herrbach，2004；Wegge，2006）、反生产力工作行为（Spector & Fox，2002）和组织中的退缩行为（Zhao，Wayne，Glibkowski，& Bravo，2007）。

将这些研究结果应用于工作—家庭领域，采用经验主义的取向，情感事件理论认为，丰富的工作—家庭事件的累积将会通过积极情绪和工作态度提升工作绩效。……我们的逻辑是，当员工觉得其工作环境支持和增强了其家庭生活时，他更可能体验到积极情感状态（Greenhaus & Powell，2006；Voydanoff，2001）。积极情感状态会产生更好的工作满意度，工作满意度会诱发员工做出某些会带来高绩效的行为。

依据情感事件理论和相关理论，结合一些实证研究发现，……我们预期工作—家庭增强与工作绩效有关（Graves，Ohlott，& Ruderman，2007；Hobfoll，1989，2002；Marks，1977；Sieber，1974；Witt & Carlson，2006），其中积极情绪和工作满意度中介了这种关系。②

① Thiel，C. E.，Hill，J.，Griffith，J. A. et al.，2014. Political tactics as affective events：Implications for individual perception and attitude. European journal of work and organizational psychology，23（3）：419-434.

② Carlson，D.，Kacmar，M. K.，Zivnuska，S. et al.，2011. Work-family enrichment and job performance：A constructive replication of affective events theory. Journal of occupational health psychology，16（3）：297-312.

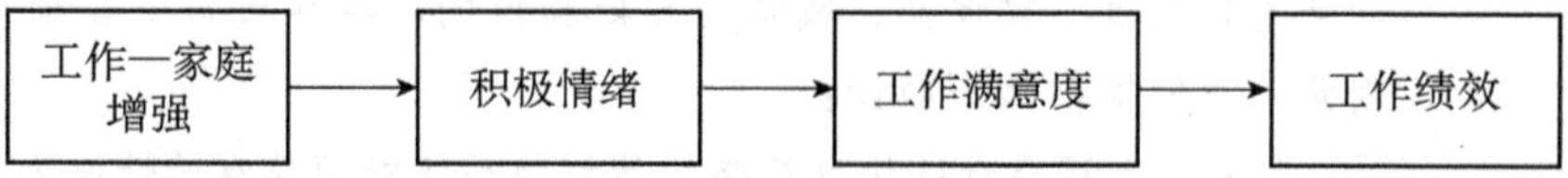

图 3-10 工作—家庭增强作为情感事件对工作满意度和工作绩效的影响

从这篇文章来看，作者将工作—家庭增强当作情感事件、积极情绪当作情感反应、工作满意度当作工作态度、工作绩效当作工作行为，利用情感事件理论的框架建立了以上四个核心变量之间的逻辑关系。有一个问题需要你思考：工作绩效与工作行为含义相同吗？如果读过特质激发理论，你就会发现二者存在很大差别。因此，将工作行为替换为工作绩效，可能是该文一个潜在的弱点。

四、对情感事件理论的评价与反思

情感事件理论与其他很多组织行为学个体层面的理论一样，其根本目的是准确解释和预测员工的行为。在情感事件理论提出之前，有几个概念就是用来做这个事情的，比如特质、需求（动机）、态度（意愿）、社会信息、外部环境、归因等等。特别是工作态度，其定义就是行为反应倾向，从这个定义我们可以看出其想要预测行为的目的异常明显。

在以上的这些概念中，Weiss 和 Cropanzano 发现并没有一个理论将情感的作用考虑进去，更没有理论将情感与已有概念对于行为的解释、预测机制进行系统和理论化的描述。同时，Weiss 和 Cropanzano 还发现，情感事件理论之前的理论不能解释行为在短时间内的波动性，这主要与其关心一些稳定因素（如态度、需求、特质）对于行为的预测力有关。将易变性很强的情感（而不是情感特质）加入理论框架中可以弥补以往理论框架的不足。情感事件理论正是在以上两个方面做出了贡献。

与之前的理论相比，AET 有很多独特之处，比较有启发的有两点。第一，AET 认为对员工直接产生影响的外部因素不仅仅是环境（任务）特征，还应该包括工作场所的具体事件。在 Weiss 和 Cropanzano 看来，特征是稳定因素的描述，而事件可能与员工具有更加直接的关系。事件有两种来源：一种是稳定的特征制造的常规性事件，还有一部分事件具有突发性。无论是常规性事件还是突发事件，都会直接作用于员工。这是 AET 引入情感事件这个变量的一个主要原因。第二，AET 将个体的行为分为情感驱动行为和判断驱动行为，这种区分对于解释行为的波动性具有重要意义，这种区分为探讨情感对行为的影响铺平了道路，顺理成章地，我们会认为情感驱动的行为更加具有波动性，而判断驱动的行为则比较稳定。

AET 可以用来解释很多工作中的现象。首先，当涉及情感，特别是状态情感对个体行为的影响时，可以参照 AET 的框架。其次，当我们考虑个体特质对情感反应的直接作用，以及个体特质在情感事件与情感反应之间的调节作用时，我们可以参照 AET。这一点与特质激发理论不同，特质激发理论将特质看作行为反应（而非情感反应）的主效应，而且这种主效应受到环境特征（情境线索）的调节性影响。最后，AET 是一个包含变量较多的框架，环境特征、日常事件、态度、人格特质和行为都被纳入该理论中，因此该理论可以解释的变量相对会比较多一些。

当然，你也要了解使用 AET 时的一些注意事项。第一，在 AET 中，有一条逻辑线是直接从工作环境特征到工作态度的（见图 3-4），仿佛告诉我们工作环境特征会直接影响工作态度，这应该不是 AET 的本意，也跟以往相关理论存在重大冲突。AET 在此并不想表述自己对工作环境特征与工作态度关系的独特观点，它只希望延续之前的看法，即个体对工作环境特征感知与内在标准（或者需求）相比较的结果产生了对工作的信念，只是在图 3-4 的模型中并没有体现这种比较的过程。第二，AET 没有详细区分工作环境特征的含义，比如并没有说明工作场所的社会信息特征是否可以归为工作环境特征。当论证领导与同事对员工行为的影响时，将 AET 作为理论依据就会显得比较牵强。第三，AET 并没有分析行为对于态度的反馈作用，如果遇到这一论证时，最好依据社会信息加工理论等框架，而非 AET。

主要参考文献

[1] Carlson, D., Kacmar, M.K., Zivnuska, S. et al., 2011. Work-family enrichment and job performance: A constructive replication of affective events theory. Journal of occupational health psychology, 16 (3): 297-312.

[2] Spence, J.R., Ferris, D.L., Brown, D.J. et al., 2011. Understanding daily citizenship behaviors: A social comparison perspective. Journal of organizational behavior, 32 (4): 547-571.

[3] Thiel, C.E., Hill, J., Griffith, J.A. et al., 2014. Political tactics as affective events: Implications for individual perception and attitude. European journal of work and organizational psychology, 23 (3): 419-434.

[4] Weiss, H.M., Cropanzano, R., 1996. Affective events theory: A theoretical discussion of the structure, causes and consequences of affective experiences at work. Research in organizational behavior, 18 (3): 1-74.

第4章 因擅长而喜欢，还是因喜欢而擅长

——计划行为理论的视角

将要进入职场的青年人经常纠结于这样的问题：是选择自己喜欢的工作，还是选择自己擅长的工作呢？对这个问题的看法归纳起来大致有三种：第一，要选择既喜欢又擅长的工作，这是比较理想化的追求；第二，选择自己喜欢的工作，这样不但无怨无悔，而且随着时间增长还会慢慢擅长起来；第三，要选择自己擅长的，这不但能使自己容易在职场上站稳脚跟，而且慢慢也会喜欢上这份工作。

类似这样的事情很多，比如有的人理科天赋很好，可偏偏对文科感兴趣，而有的人却正好相反。用专业的话来说就是，喜欢是一种对待事物的态度，因喜欢而做出某种行为，是对“态度决定行为”这句话的很好诠释。

通过前面介绍的理论，我们知道单单是态度一个变量是不能很好地预测行为的。除了态度之外，个性特质、环境、个体需求、情感都可能对人的行为产生影响。

本章介绍的计划行为理论（Theory of Planned Behavior，TPB）是著名社会心理学家 Ajzen 在 1985 年提出的，它也是一个用于解释行为动因的理论。与之前的理论提出者类似，Ajzen 在提出计划行为理论时，也是站在了态度这个“巨人”的肩膀上，或者说是在批判、借鉴和补充“态度决定行为”这一基本观点的基础上发展起来的。下面我们首先看看计划行为理论的产生背景。

一、计划行为理论的缘起——还是要从态度说起

大家都知道，态度是社会心理学中的一个核心概念。在早期的研究中，学界普遍认可的观点是：态度决定行为。大量的研究都在这个假设的基础上进行，或者围绕这个假设来进行。

然而，在 1934 年有位叫拉皮埃尔的学者做了一个心理学实验，这个实验彻底击碎了人们对态度的幻想。

当时，美国人对中国人的歧视非常严重。拉皮埃尔在“关于美国旅店和餐馆是否接待亚洲人”的调查中，通过问卷询问美国的一些酒店和餐馆“你是否接待中国人”。结果有 90%的旅店和餐馆回复不会。然而，实际上，这些旅店和餐馆在并不知情的实验过程中，只有一家旅店拒绝了中国人入住。也就是说，他们的态度与行为之间存在着矛盾。

自此“态度决定行为”这一学界普遍接受的观点开始受到质疑和挑战，学

者将目光集中在态度与行为之间的关系上。越来越多的社会心理学者投身于个体行为预测的理论建构中，计划行为理论就是其中比较突出的一个成果。

罗马不是一天建成的，计划行为理论也并不是一下子被提出来的。可以这么说，计划行为理论是在另外两个理论上逐步“生长”出来的，这两个理论分别是 Martin Fishbein 在 1963 年提出的多属性态度理论（Multi-attribute Attitude Theory），以及 Fishbein 和 Ajzen 在 1975 年对多属性态度理论进行发展而提出的理性行为理论（Theory of Reasoned Action，TRA）。

（一）多属性态度理论

多属性态度理论由心理学家 Fishbein 在 1963 年提出。Fishbein 认为，人们对客体的态度，可以用以下公式来表述：

$$A = \sum_{i=1}^{n} b_i e_i$$

该模型包含三个主要变量：（1）A 表示人们对客体的态度（attitude）；（2）b 是人们对客体某个属性的信念（beliefs）；（3）e 是对客体某个属性的信念评价（evaluation）。另外，该模型还有两个字母，i 表示第 i 个属性，n 表示客体所具有属性的数量。

在这个模型中，信念是指一个概念的可能性维度，是某个概念与其他概念之间关系的描述。这个理论认为，一个人对某客体的态度是他对该客体的多种信念和信念评价的函数。

（二）理性行为理论

理性行为理论又译作“理性行动理论”，是由 Fishbein 和 Ajzen 于 1975 年提出的用于分析和解释态度如何有意识地影响个体行为的理论。其基本假设是：人是理性的，在做出某一行为前会综合各种信息来考虑和分析这一行为的意义和后果。

TRA 的理论模型如图 4-1 所示：

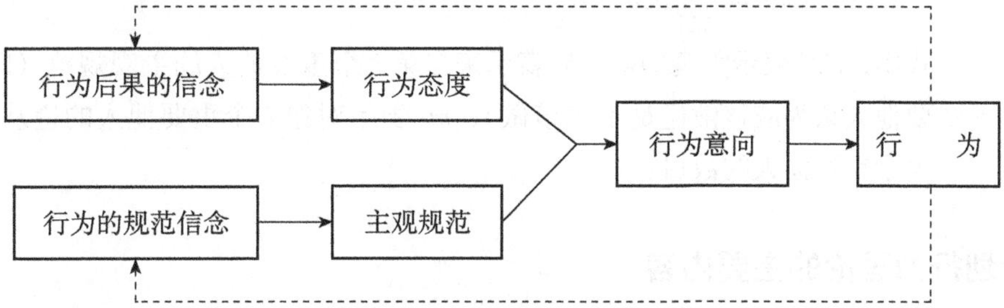

图 4-1 理性行为理论的框架

注：图中的实线箭头表示影响作用，虚线箭头表示反馈作用。

我们从图 4-1 右侧的箭头开始分析理性行为理论。该理论认为，个体的外显行为在某种程度上可以由行为意向合理地进行推断。所谓的外显行为是指可观测的行动。行为意向是人们打算做出某一特定行为的量度。一般来说，从事某个行为的意向越强，那么完成这个行为的可能性就越大。

按照理性行为理论的说法，行为意向是否可以准确预测行为取决于三个因素。第一，行为与意向在具体性方面的对应程度。二者的具体性越对应，行为意向对行为的预测力就会越强。比如，针对前文讲到的拉皮埃尔关于歧视中国人的研究，Ajzen 认为，如果问卷的问题改为“你是否愿意让一对穿着讲究、谈吐文雅、自信、令人愉快、生活富裕的中国夫妇住进你的旅馆?”（这一描述更接近对参加实验的中国人的描述），则意向与行为之间的关系则会更加紧密。第二，行为意向的稳定性。行为意向越稳定，则它对行为的预测力就会越强。如果你一直喜欢某位明星人物（意向稳定），那么你的意向就能比较准确地预测你对这位明星的追星行为。相反，如果你对明星的口味变化很快（意向不稳定），就很难预测你对某位明星的追星行为。第三，个体的控制力。大家都知道，一个人要做出某种行为必须具备某种能力或者掌握某种资源。否则的话，即使行为意向很强烈也不会做出这个行为。

图 4－1 中间的箭头表示，个体的行为意向是由行为态度和主观规范来决定的。所谓行为态度是指人们对从事某一目标行为所持有的正面或负面的评价；所谓主观规范是指人们对于对其有重要影响的人希望自己进行某种行为与否的感知程度，以及自己愿意遵从这种规范的动机。需要说明的是，行为态度并不总能准确地预测行为意向，只有当行为态度的具体性水平与行为意向的具体性水平相对应时，前者对后者的预测力才会比较强。比如，对基督教的态度不能很好地预测为教堂捐钱的行为意向，因为二者不在一个具体性的层面上。但是，对为教堂捐钱的态度就会比较好地预测为教堂捐钱的行为意向。

图 4－1 左侧上半部分的箭头表示，个体的态度是由个体对行为后果的信念来决定的。这一点来自多属性态度理论，因此不再赘述。下半部分箭头表示，个体的主观规范是由行为的规范信念决定的。用一个公式表示就是：

$$SN = \sum_{i=1}^{n} b_i m_i$$

式中，SN 表示主观规范，b_i 表示来自第 i 个重要他人的主观规范（即这位重要他人认为应该做还是不应该做），m_i 表示对第 i 个重要他人的遵从动机，n 表示重要他人的数目。

二、计划行为理论的主要内容

在上文中介绍的理性行为理论中有一个重要的隐含假设，即人的行为能够由个人意志控制来完成。也就是说，我想做出什么行为，我就可以做出来。显然，这种假设太天真了。的确，在实际生活中，我们有些行为可以完全依照自己的意愿决定，但大部分行为的完成前提中至少需要某种程度的非意愿因素，即必要的机会和资源，比如时间、金钱、技能、他人的配合等等。这些非意愿因素的综合，就是个体的实际行为控制（actual control over the behavior）。当个体拥有完成某种行为所需的机会和资源，并且有完成这个行为的意向时，他就会进行这个行为。

基于以上原因，Ajzen（1985，1991）便将理性行为理论加以延伸，加入了知觉行为控制这个变量，对非个人意志完全控制的行为（incomplete volitional control behaviors）部分进行了补充，希望更准确地预测人的行为。

该理论的模型如图 4－2 所示：

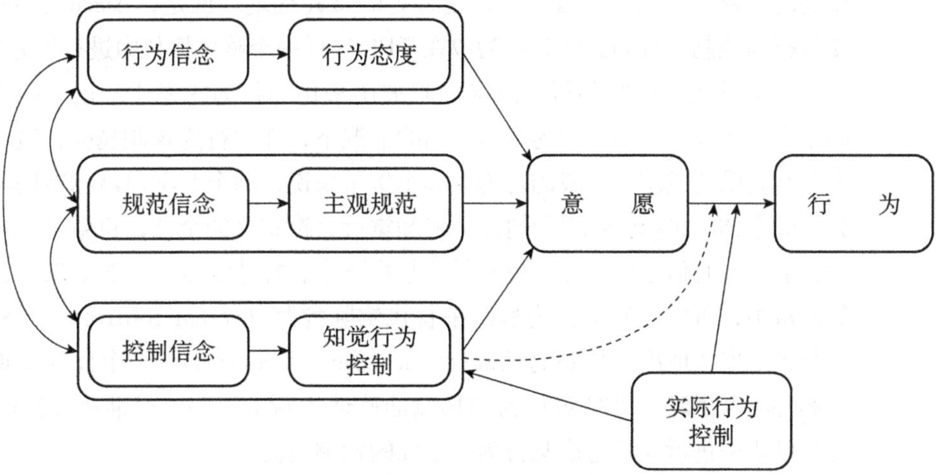

图 4－2　计划行为理论的框架

计划行为理论关于态度与规范的部分（也就是图 4－2 中上面 2/3 的部分）均来自多属性态度理论和理性行为理论，我们不再赘述，而是集中介绍与知觉行为控制相关的内容。

知觉行为控制（perceived behavioral control，PBC）是个人预期在采取某一特定的行为时自己所感受到可以控制或掌握的程度。资源和机会的可得性对个体来说在某种程度上决定了行为达成的可能性。任何行为的达成都不是空中楼阁，若没有保证行为达成的客观条件，仅凭个人的态度或意愿，行为是不可能发生或达成的。因此，知觉行为控制这个变量在理论结构中发挥着重要的补充作用，也是由理性行为理论发展到计划行为理论的重大变化。

知觉行为控制与 Rotter 在 1966 年提出的知觉控制点（perceived locus of control）理论之间有很大的不同。控制点理论是一种具有个体归因倾向的理论，该理论认为个体对自己生活中发生的事情及其结果的控制源有不同的解释。对某些人来说，个人生活中多数事情的结果取决于个体在做这些事情时的努力程度，所以这种人相信自己能够对事情的发展与结果进行控制。此类人的控制点在个体的内部，称为内控者（internal locus of control）。对另外一些人来说，个体生活中多数事情的结果是个人不能控制的各种外部力量作用造成的，他们相信社会的安排，相信命运和机遇等因素决定了自己的状况，认为个人的努力无济于事。这种人倾向于放弃对自己生活的责任，他们的控制点在个体的外部，称为外控者（external locus of control）。因此，控制点具有跨时间和情境的一致性，因此是一种人格特征。而知觉行为控制则强调诱因与直接联系者的特定行为之间的一致性，个体感知到的执行某个特定行为的容易或困难的程度。比如，一个身材中等、年龄在 50 岁左右的内控者尽管具有“努力改变命运”的信念，也不会认为自己还有机会成为一名职业篮球运动员。

知觉行为控制与班杜拉提出的自我效能感（Bandura，1977，1982）具有更高的一致性，二者都强调对特定行为的掌控程度。但是，Ajzen（1982）将知觉行为控制、行为意向和行为放在 TPB 这样一个整体框架中进行了分析。

TPB 认为，PBC 与行为意向一起被用来预测行为的发生。这个假设含有两个逻辑前提。第一，行为意向相同的情况下，知觉行为控制越强，就会花更大的努力以达成想要完成的行为。举个例子来说，两个对学习滑冰有同样意愿强度的个体，也都尝试学习滑冰，但知觉行为控制高的个体，也就是说对自己学会滑冰更有信心的个体，更有可能坚持下来，并达成这个行为。第二，在实际测量中，可以用知觉行为控制来替代实际控制（actual control）。当然，替代是否能发生取决于控制的准确性（accuracy of control）。当个体的知觉行为控制并不准确时，PBC 对行为的预测准确性的帮助很小。但准确度高的 PBC 是可以用来进行成功达成某行为可能性的预测的。

那么，个体的 PBC 又是来自哪里呢？与态度和主观规范类似，TPB 认为，PBC 仍然来自凸显信念（salient beliefs）。TPB 认为，针对某种行为，人们通常会产生很多信念，但在某一特定时刻或环境中，人们只会获取一小部分与行为相关的信念，这部分信念会对人们的意向和行为决策起主要决定作用，被称为凸显信念。知觉行为控制的强度取决于控制信念（control beliefs）和知觉强度（perceived power）的影响。“控制信念”是指个体知觉到的可能促进和阻碍执行行为的因素；“知觉强度”则是指个体知觉到这些因素对行为的影响的程度。三者的关系可以用如下的公式来表示：

$$PBC = \sum_{i=1}^{n} c_i p_i$$

式中 c_i 表示某个特定的控制信念，p_i 表示某个特定控制信念的知觉强度，i 表示第 i 个信念，n 表示控制信念的个数。比如，在考查学生课堂出勤的意向研究中，出勤影响因素（比如生病、交通堵塞、睡过头等）的出现频率则为 c_i，对每个因素的知觉控制程度则为 p_i，可以从“很难控制”到“很容易控制”之间选择几个水平进行测量。比如，生病不容易控制，睡过头则比较容易控制。

三、计划行为理论在论文写作中的应用

不同于其他理论经常被用作假设构建的依据，计划行为理论在研究中更多

是作为一个通用的研究框架，学者们在它的基础上搭建自己的研究假设或模型。这个模型在很多领域应用很广，包括临床医学、饮食行为、健康保健、社会与学习行为等。也有一些管理学领域的研究应用这个框架进行假设推导，下面用几个组织管理领域的研究来说明。

（一）利用计划行为理论分析求职意愿与求职行为之间的关系

求职行为在个体职业发展中具有重要作用，Song 等人（2006）以计划行为理论为框架，分析了求职态度、主观规范和求职效能感对求职意愿和求职强度的影响。具体的分析过程如下：

> 计划行为理论（Ajzen，1985，1991）用来解释目标和计划如何影响人的行为。计划行为理论认为，个体的行为意愿是其行为的直接决定因素。例如，在求职领域，一个个体的求职意向，即该个体计划求职的努力程度，可以预测其在随后求职过程中所付出的努力。
>
> 依照计划行为理论，求职意愿受到求职态度、主观规范和对求职困难的知觉行为控制的影响。
>
> 在求职领域，求职态度反映了一个未就业者对其求职所付出的努力的认知性和情感性评价。例如，一个人可能会觉得为求职而付出的努力是无用甚至是愚蠢的，而另外一个人则相信为求职而付出的努力是有益的。主观规范指一个未就业个体在多大程度上认为他们的重要他人期望他们能够努力找工作。最后，知觉行为控制在操作层面上等同于自我效能感，指个体成功实施求职行为的信心（e. g.，Van Ryn & Vinokur，1992）。
>
> 知觉行为控制在理论上不仅通过影响意愿而影响行为，也会直接对行为有影响（Ajzen，1991）。Ajzen（1991）提出了两种知觉行为控制影响行为的逻辑。第一，具有高知觉行为控制的个体显示出更持久性的努力。第二，知觉行为控制反映了阻碍行为的实际因素。比如在求职领域，低的求职自我效能感可能反映了一个人关于如何努力找工作的实际技能和知识的缺失（是应该每天都在做与求职有关的事情，还是一天仅做一个小时）。这种技能和知识的缺失不仅会通过求职意愿影响求职行为，也会直接减少求职行为。
>
> ……依据以上分析，我们提出如下假设：
>
> 假设 1：个体的（a）求职态度，（b）主观规范，和（c）求职效能感与求职意愿显著正相关；
>
> 假设 2：求职意愿与求职强度（即求职行为[①]）正相关；
>
> …………
>
> 假设 4：求职意愿完全中介了（a）求职态度，（b）主观规范与求职强度之间的关系；

---

① 原文未标明。——笔者注

假设 5：求职意愿部分中介了求职自我效能感与求职强度之间的关系。①

从上文可以看出，研究者主要利用了计划行为理论中如下两个观点作为自己的分析依据：第一，行为意愿影响行为；第二，行为意愿可以中介行为预测因子（即求职态度、主观规范和求职效能感）与行为之间的关系。

另外，研究者将求职效能感等同于计划行为理论中的知觉行为控制，并且认为知觉行为控制可以直接和间接（通过求职意愿）影响求职行为，这也是计划行为理论的一个重要观点。

（二）利用计划行为理论分析离职意向与离职行为之间的关系

van Breukelen 等人（2004）利用计划行为理论解释了三个预测因子与离职意向和离职行为之间的关系（见图 4-3）。具体的分析如下：

……计划行为理论包含三个“基本”的对于行为意向的预测因子，即行为态度、主观规范和知觉行为控制。

……Ajzen（2001）最近认为，有足够的证据支持计划行为理论“此时无须证明该理论在特殊领域的应用性”。……

本文的第二个目的是考察行为意向和知觉行为控制是否如 Ajzen（1985）在计划行为理论中所假定的那样具有交互作用。按照这个假设，Ajzen 和 Madden（1986）将行为看作动机（意愿）和能力（知觉行为控制）的产物。

Terry 和 O'Leary（1995）最近发现了知觉行为控制和行为意向对锻炼行为的交互作用。但是，关于员工离职很少有研究讨论知觉行为控制和意向之间的交互作用。在员工离职领域，失业数量或者劳动力市场上的备选岗位数量可以看作去或留的实际行为指标，而感知到的劳动力市场的就业机会可以看作知觉行为控制的指标（cf. Kirschenbaum & Mano-Negrin，1999）。

…………

不可否认，主观估计的劳动力市场上的备选工作数量不能很精确地等同于是否主动离职的“知觉行为控制”这一概念，……我们将“知觉行为控制”这一概念操作化为受调查者对于劳动力市场就业机会的感知（cf. Griffeth & Hom，1988）。关于交互作用的性质，我们假定当劳动力市场上有很多可感知的机会时，离职意向和离职行为之间具有更加显著的关系……

为此我们提出如下假设：

假设 1：在离职领域，计划行为理论的三个“基本”预测因子对离职意向具有显著影响。

…………

假设 2：离职意向是唯一对离职行为具有预测作用的因子；计划行为理论的三个“基本”预测因子对离职行为不具有额外的解释力。

…………

① Song，Z.，Wanberg，C.，Niu，X. et al.，2006. Action-state orientation and the theory of planned behavior: A study of job search in China. Journal of Vocational Behavior，68（3）：490-503.

假设 3：离职意向和知觉行为控制在预测离职行为时具有交互作用。①

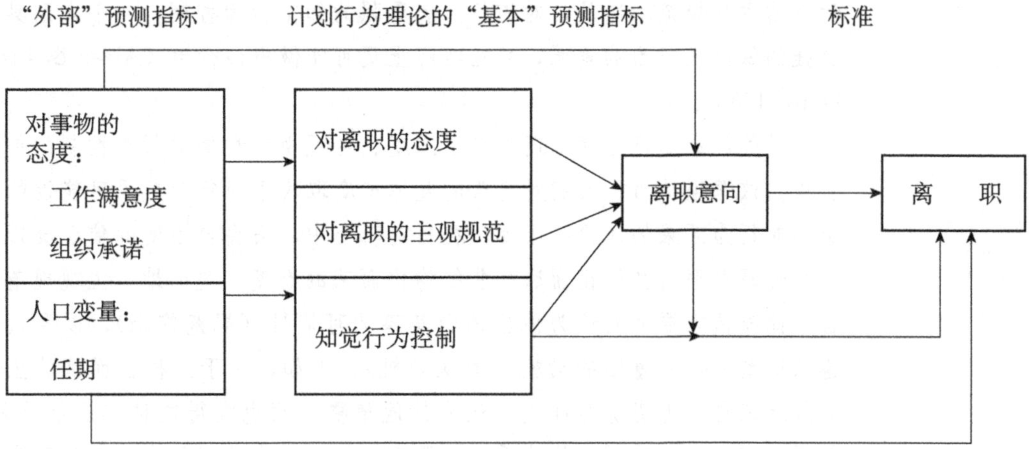

图 4－3　离职意向与离职行为的关系模型

我们看到：第一，在这个研究中，研究者仅仅是将计划行为理论作为一个框架指出了三个预测因子对于离职意向的影响，并没有详细地论述其中的逻辑；第二，与很多研究主要的不同在于，该研究突出了离职意向和知觉行为控制的交互作用；第三，美中不足的是，研究者仅在假设中提出知觉行为控制对离职行为没有直接预测作用，这一假设实际上与计划行为理论相悖，但研究者并没有对此在理论上给予充分的解释。

（三）利用计划行为理论考察人力资源经理对于不同面试类型的意愿与行为

van der Zee 和 Bakker 等人（2002）以计划行为理论为框架，考察了人力资源经理对于结构化面试和非结构化面试的意愿和行为。他们的研究结果发现，面试意愿可以预测人力资源经理的实际面试行为。相对于结构化面试而言，人力资源经理具有更强的进行非结构化面试的意愿。面试的态度和主观规范可以很好地预测面试意愿，主观控制感不能预测面试意愿。具体研究框架见图 4－4。其中，对研究框架的发展思路大致如下：

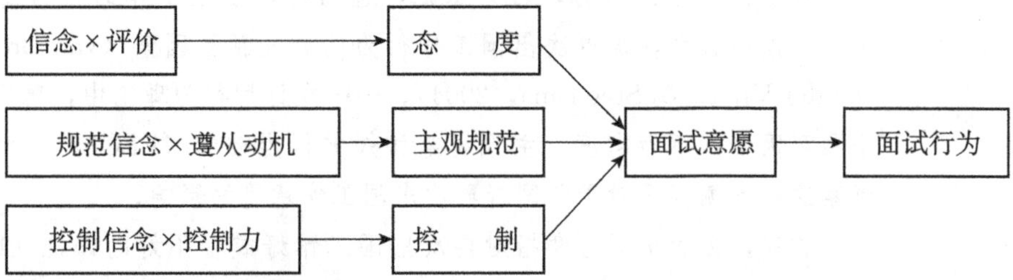

图 4－4　面试意愿与面试行为的关系模型

---

① van Breukelen, W., van der Vlist, R., Steensma, H., 2004. Voluntary employee turnover: Combining variables from the "traditional" turnover literature with the theory of planned behavior. Journal of organizational behavior, 25 (7): 893－914.

……计划行为理论假设，对一个特定行为的态度越积极以及对该特定行为的主观规范越遵从，对该行为有更强的知觉行为控制，一个人则具有更强的做出该行为的意愿，并在实际上更可能做出该行为（Ajzen & Fishbein，1980）。……

另外，计划行为理论还解释了态度、主观规范和知觉行为控制的前因变量。该理论认为，人们对行为的整体态度取决于对行为后果可能性的信念和对行为后果的评价。比如，在当前研究中，失去自由度的信念会影响人力资源经理对结构化面试和非结构化面试的态度。类似地，主观规范来自个体相信重要他人认为他应该做某事的可能性（规范信念），以及人们遵从该重要他人意愿的动机（遵从动机）。比如，对于结构化面试的主观规范就来自人力资源经理是否认为其他重要人物也觉得这种方法很重要，并愿意遵从这些重要人物的看法。最后，知觉行为控制取决于某种因素促进和阻碍行为的可能性，以及这种因素的促进和阻碍力量。人力资源经理与控制有关的信念包括进行结构化面试或者非结构化面试的必要技能等因素。计划行为理论认为，个体的这些信念一起产生了整体的态度、主观规范和知觉行为控制，这三个因素随后会影响行为意愿和行为。

……关于假设……我们还预期人力资源经理对两种面试方法的意向和行为会受到态度、主观规范和知觉行为控制的显著影响。[①]

我们可以看出，图 4 - 4 的研究框架几乎就是计划行为理论，这也反映出该理论的影响力。然而，论文的研究结果并没有完全验证计划行为理论的观点。

(四) 利用计划行为理论考察外派人员的再次出国意愿与行为

Thuy Ho 等人（2016）以计划行为理论为依据，研究为什么新兴经济体越南的一些归国人员回到母国后，又主动要求回到海外工作（见图 4 - 5）。具体分析过程如下：

计划行为理论认为，行为意愿，包括再次出国工作的行为意愿是行为——换而言之，是再次出国工作行为的最佳预测因素（van Breukelen，van der Vlist，& Steensma，2004）。……在计划行为理论中，意愿包括三个预测因子：行为态度、主观规范和知觉行为控制（PBC）。下面我们将考察这些预测因子对于归国者再次出国工作意愿的影响。

首先，再次出国态度指对再次出国工作好或者不好的评价（Fishbein & Ajzen，1975）。如果归国者对再次出国的评价是积极的，他们更有可能再次出国。其次，主观规范是指一个人对于重要他人认为他是否应该再次

① van der Zee，K. I.，Bakker，A. B.，Bakker，P.，2002. Why are structured interviews so rarely used in personnel selection?. Journal of applied psychology，87（1）：1，176 - 184.

出国的感知和观点（Fishbein & Ajzen，1975）。在这里假定社会环境对个体选择再次出国工作具有重要影响。最后，知觉行为控制是个体对于再次出国工作难易程度的感知（Ajzen，1991）。也就是说，再次出国工作意愿依赖于帮助归国者能够顺利再次出国的技能、机会和资源（Tharenou，2003）。

…………

归国者的国际流动意愿不仅受到推拉因素的影响，而且也受到归国者对于流动态度的影响（Ferro，2006）。如果归国者在母国已经做出了一些成就，并且认为他们在服务国不会有更好的职业发展，归国者会对再次出国工作做出负面评估（Ferro，2006）。但是，归国者也会感觉海外工作经历对其随后的职业阶段有利（Biemann & Andresen，2010），这会强化他们的兴趣、动机和偏好（Hall，2005）。因此，当归国者认为再次出国工作是积极或者有利的选择时，他们会具有更强的再次出国工作意愿（Ajzen，1985）。

再次出国工作意愿也会受到主观规范的影响，即再次出国工作者所感知到来自重要他人——比如父母、配偶、孩子、挚友和同事的压力（Conner & Armitage，1998）。归国者会由于他们的家庭认为海外工作对整个家庭更有好处而选择再次出国工作（Carr et al.，2005；Richardson，2006）。另外，个体的态度也会受到社会环境的影响，因此个体的态度会受到主观规范的影响（Tarkiainen & Sundqvist，2005）。

再次出国工作意愿也会受到知觉行为控制的影响，所谓知觉行为控制是指一个人对于再次出国工作过程的能力和控制（Ajzen，1991）。对在服务国的工作和生活有信心的归国者更认为他们能够应对在国外的工作和生活困难，因此，他们更愿意到国外工作（Tharenou，2008）。类似地，机会和资源较多的归国者更愿意再次到国外工作（Selmer & Lauring，2012）。因此我们提出如下假设：

假设3a：对于再次出国的积极态度与再次出国意愿正相关；

假设3b：主观规范与（i）再次出国态度和（ii）再次出国意愿正相关；

假设3c：知觉行为控制与再次出国意愿正相关。[①]

以上三个假设分别对应着计划行为理论的三个预测因子（出国态度、主观规范和知觉行为控制）与行为意愿的关系。需要注意的是，假设3b提出主观规范与再次出国态度有相关关系其实并不是计划行为理论的强假设。在计划行为理论中（见图4-2），尽管在规范信念与行为信念之间具有相关线，

---

① Thuy Ho，N.，Seet，P.，Jones，J.，2016. Understanding re-expatriation intentions among overseas returnees：An emerging economy perspective. The international journal of human resource management，27（17）：1938-1966.

但该理论由于提出三个预测因子，因此更倾向于强调三个预测因子之间的独立性而不是相关性。

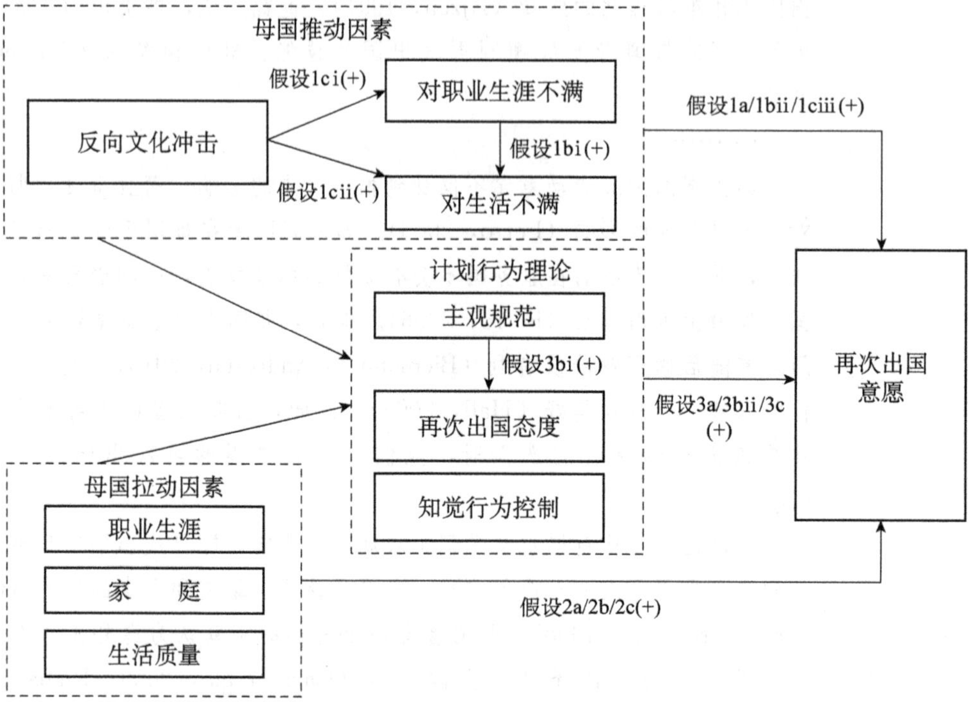

图4-5 再次出国意愿与外派行为的关系模型

四、对计划行为理论的评价与反思

“任何一个新理论的产生都是对之前理论的完善或者颠覆”，计划行为理论的产生再次对这句话做了注释。多属性态度理论是 Fishbein（1963）提出来的，随后 Fishbein 与其后辈 Ajzen（1975）又在多属性态度理论的基础上提出了理性行为理论，数年之后，Ajzen（1985）又在理性行为理论的基础上提出了计划行为理论。这很好地呈现出了理论构建过程中，研究者在自我完善与自我提升方面所做的努力。

总的来看，计划行为理论有若干亮点值得我们注意。第一，计划行为理论从信息加工角度分析了人的心理与行为，它认为人的信息加工能力是有限的，人们只是根据自己所掌握的有限信息做出自己的判断和行为选择。最典型的体现是“凸显信念”的提出，与客体、社会规范和外部资源有关的信念有很多，但一个人在某个特定的时空节点上只能激活少数几个信念，这些信念被称为凸显信念。凸显信念可以说是最基础的因素，它影响着个体的行为意愿和行为选择。第二，计划行为理论仅仅将态度作为影响行为意愿（而非行为）的“三驾马车”之一，从而解决了态度与行为之间的不确定关系。计划行为理论认为，规范和知觉行为控制对于预测行为意愿同样重要。第三，相对其他两个预测因子，计划行为理论很重视知觉行为控制对行为的预测作用，它不但直接影响行为意愿，通过行为意愿作用于行为，还可以调节行为意愿与行为之间的关系。第四，行为意愿也是本章的一个亮点，它的出现仿佛在行为和态度、规范等变量之间建立了一个“缓冲区”，解释了内隐心理变量与外显行为之间的不确定关系。

本章章题中提出的“因擅长而喜欢，还是因喜欢而擅长”这个问题，从这个理论中至少可以得到如下启示：擅长和喜欢可能是相对独立的，二者一起决定你能否完成某项行动。假如非要刨根问底的话，貌似擅长比喜欢更重要一些。

计划行为理论受到社会行为研究学者们的青睐，它已被成功地应用于多个行为领域，并且绝大多数研究都证实它能显著地提高对行为的解释力与预测力。当研究论文中涉及个体行为，以及个体行为的预测因素时，可以考虑参照计划行为理论。

需要注意的是，计划行为理论受学者质疑最多的问题就是其关于“人是理性的”的基本前提。从假设开始，该理论仿佛就已经将“不理性的个体”剔除出了其研究范围，这使得它某种程度上忽视了诸如威胁、恐惧以及消极或积极的情绪感受对个体行为的影响。尽管 Ajzen 对此曾做过说明与辩解，但计划行为理论框架中没有与情感、威胁等有关的概念，这确实是一个不争的事实，而这一事实从工具性的角度来讲会妨碍它的应用范围。最后，计划行为理论也并非一个穷尽的模型，在该基本模型之外，还可能有大量的空间用以增添新的调节变量、中介变量，甚至独立的前因变量。比如 Ajzen 本人认为过往行为经验就是一个应该被纳入模型中的重要因素。

主要参考文献

[1] Ajzen, I., 1985. From intentions to actions: A theory of planned behavior//Kuhl, J., Beckman, J.. Action control: From cognition to behavior. Heidelberg, Germany: Springer.

[2] Ajzen, I., 2006. Perceived behavioral control, self-efficacy, locus of control, and the theory of planned behavior. Journal of applied social psychology, 32 (4): 665 - 683.

[3] Ajzen, I., 1991. The theory of planned behavior. Organizational behavior and human decision processes, 50 (2): 179 - 211.

[4] Fishbein, M., Ajzen, I., 1975. Belief, attitude, intention, and behavior: An introduction to theory and research reading. MA: Addison-Wesley.

[5] Fishbein, M., 1963. An investigation of the relationships between beliefs about an object and the attitude toward that object. Human relations, 16 (3): 233 - 240.

[6] Song, Z., Wanberg, C., Niu, X. et al., 2006. Action-state orientation and the theory of planned behavior: A study of job search in China. Journal of Vocational Behavior, 68 (3): 490-503.

[7] Thuy Ho, N., Seet, P., Jones, J., 2016. Understanding re-expatriation intentions among overseas returnees: An emerging economy perspective. The international journal of human resource management, 27 (17): 1938-1966.

[8] van Breukelen, W., van der Vlist, R., Steensma, H., 2004. Voluntary employee turnover: Combining variables from the "traditional" turnover literature with the theory of planned behavior. Journal of organizational behavior, 25 (7): 893-914.

[9] van der Zee, K. I., Bakker, A. B., Bakker, P., 2002. Why are structured interviews so rarely used in personnel selection?. Journal of applied psychology, 87 (1): 1, 176-184.

第5章

公平总是那么重要吗

——不确定管理理论的回答

对公平的关注，仿佛就像人的本能一样会自然而然地发生。很多人都会有类似这样的体验：当遇到不公正的事情时，无论作为当事人还是旁观者，都会情不自禁地义愤填膺起来。这种道德情感的产生并不依赖于这个人是否受到过严格的道德伦理教育，不论是凡夫俗子还是道德楷模，公平对每个人来说都一样重要①。

尤其是在市场经济社会环境下，人与人之间的关系具有了更多的契约性，每个人更加关心自己是否受到了公正对待。比如我们经常会思考诸如“领导给我的绩效评价是否公正”“公司发的年终奖是否对得起我的贡献”“上司对下属是否有远近亲疏”“为什么公司总要求我们免费加班”“这次内部竞聘为什么没有公开程序”等等问题。

不言而喻，公平看上去至关重要而又无处不在。那么，事情是不是有例外呢？设想这样的情况，你的父母一直对你关爱有加（注意：这是个重要前提），有一天你与小伙伴发生了争执，父母非但没有站在你的一方，反而将你批评了一顿，此时，即便他们批评错了，你也不会纠结他们是否公平对待了你——因为你相信这只是他们偶尔的判断失误，而不是有意为之。还有这样的情形，你的上司是一个脾气暴躁的家伙，某天你被他莫名其妙地呵斥一番，此时你一点儿都不觉得委屈和不公——因为你早已习惯了他的这种行为。再比如，老板给你发的奖金远远高过你的预期（当然，这种情况极少，我们就当它是一个思维实验。不过类似的事情我们也可能会遇到），此时你是否还会关心自己受到了公平对待呢？

以上的例子告诉我们，我们仿佛又不是那么关心公平这件事。这不禁让我们思考一个问题：在什么情况下我们会关心自己是否受到了公平对待，在什么情况下我们就不再关心公平问题了呢？不确定管理理论就是要回答这个问题。

就像上面我们看到的那些例子那样，不确定管理理论起源于学者们对公平问题的思考，要想对这个理论有系统的了解，还是要从公平问题谈起。

---

① 当然，不同人对于具体事件是否公平的判断是不一样的。比如，张三觉得在单位加班必须有加班费，否则就是不公平，而李四却认为，自己本来就喜欢下班时间也待在单位，加班费不是什么大不了的事情；李四觉得领导开会时不征询他的意见，是违反程序的，而张三却觉得这不是什么大不了的事情。尽管张三和李四对某些问题的具体看法不同，但二者的共同之处在于他们都具有所谓的公道之心，即都有“何为公平”的内心判断。

一、不确定管理理论的起源——从公平说起

在日常生活中，人们的信念、感觉、态度和行为在很大程度上取决于他们是否被公平对待。如果人们能够被法官、警察或其他权威公平对待，就更可能会遵守法律，接受合理的决策；但如果人们不能受到公平对待，就可能会表现出更多抗议行为。因此，探讨人们为什么会关注公平以及人们怎样形成公平判断等问题对于理解人们在社会环境下的所思所想意义重大。

在不确定管理理论出现之前，学者们对公平的讨论已经持续了几十年。在研究中，学者们主要关注两个问题：第一，我们为什么（why）会关注公平；第二，我们如何（how）能够判断自己是否受到了公平对待。关于第一个问题，学者们提出了控制模型、群体价值模型、关系模型来回答；关于第二个问题，学者们提出了公平启发模型来回答。

（一）我们为什么（why）关心公平——三种公平、两种动机

1. 关心公平是为了获得"实惠的结果"——控制模型的观点

Thibaut 和 Walker（1975）从社会交换理论出发提出了控制模型（Control Model)。该模型认为，人们在与他人交往时，通常都会受到利益最大化动机的驱使，努力寻求能直接或间接影响决策的过程，以使得个人最终的分配结果最优化或利益最大化。为此，该模型区分了两种控制类型：结果控制（outcome control）和过程控制（process control)。前者能直接影响结果，后者指通过控制程序间接地影响结果，人们之所以关注程序公平是源于对结果的控制。

依据控制模型，我们可以推断，一个人如果拥有发言权可以发表自己的看法，那么他会对程序公平有较高评价，进而这将会有助于个人获得符合自己利益的结果。在组织实践中，组织决策制定过程时，可以让员工积极参与，使员工感到自己对决策结果有影响，增加其公平感知，进而有利于决策结果的接受和执行。

2. 关心公平是为了获得尊重和社会地位——群体价值模型和关系模型的看法

控制模型对个人程序公平提出了很好的解释，但该模型只关注了人们对决策制定的过程与分配结果之间的关系，认为人们关注程序公平只是为了获得公平的结果，却忽略了程序公平还有其他重要作用。为了弥补控制模型的这一不足，Lind 和 Tyler（1988）提出了群体价值模型（the Group Value Model)。

群体价值模型认为，群体不仅提供给人们物质资源，还是人们自己态度和行为是否正确的重要反馈信息源。人们希望自己在群体内是有价值的成员，希望归属于某个群体并在群体内建立和维持长期的社会关系（Tyler，1989)。人们之所以觉得程序公平很重要是因为程序公平恰恰可以体现个人在群体中的价值（Tyler，1994)。

根据群体价值模型，如果群体成员受到公平对待，这就向他们传递了他们在群体中是有价值的，在群体内是受尊重的积极信号，他们就会因此产生群体自豪感，进而提升自己的自尊水平，这将促进他们做出一些有利于组织的合作行为等（Tyler & Blader，2003）。

因此，群体价值模型从群体对个人的影响方面分析了程序公平的重要性，程序是人们在群体中地位、身份等的重要信息来源。该模型从社会心理角度丰富了人们为什么会关注公平的回答。

既然群体价值模型认为群体价值如此重要，那么除了发言权等程序性的东西可以帮助个体判断自己在群体中的地位外，还有哪些因素呢？Tyler 和 Lind（1992）提出了权威关系模型（the Relational Model of Authority），又称为关系模型。该模型认为，人们在与群体中的权威人物互动时，会根据自己与权威的关系来判断自己获得的价值以及程序是否公平，这种公平被称作互动公平。

稍加分析我们不难看出，关系模型本质上是群体价值模型的深入与细化，因为关系模型的核心观点是，个体对程序公平的感知会受到与权威关系的影响，也就是说，互动公平影响我们对程序公平的判断。比如，Tyler 的一些研究（1989，1994）发现，个人与决策制定者的关系判断比过程控制和结果控制能更好地预测公平感知，比如说决策者是否保持中立性，对决策者是否信任，决策者是否公平对待每个人、对待下级是否有礼貌等。

3. 总结

以上三个模型讨论了人类关注公平的两种动机，即关注结果与关注群体地位。也就是说，我们关注公平有两个目的：一个是帮助我们确认自己的经济利益是否受到了伤害，另一个是帮助我们确认自己在群体中的地位是否受到了伤害。

为了满足这两种动机，以上三个模型中提出了三种不同的公平类型：结果公平、程序公平和互动公平。结果公平是描述分配结果是否符合公平原则的概念；程序公平最初在控制模型中是用来描述得出结果的过程是否公平的概念，在群体价值模型中是用来描述在群体中是否具有地位的概念；而互动公平也是用来描述在群体中是否具有地位的概念。

既然有三种不同的公平类型，那么问题随之就出现了：是否有一种公平更加重要一些？三种公平如何在互动中影响人对公平的判断呢？公平启发理论对这类问题进行了探讨。

（二）三种公平如何（how）影响人的公平判断——公平启发理论的观点

如前文所述，公平启发理论（Fairness Heuristic Theory，Lind，2001；Van den Bos，Lind，& Wilke，2001）描述了人们在某个给定的情境下是如何构建自己的公平信念的。

该理论认为，当一个人处于某个群体中时，总会存在一些有利或者不利的因素影响他在该群体的地位，甚至会有潜在的被驱逐出该群体的风险，这种情况被称为“基本社会困境”（fundamental social dilemma）。为了解决这一难题，相较于处理群体外关系而言，个体在处理与群体内成员的关系时，更倾向于采用公平这个不错的指标来判断自己在群体是否是安全的，是否没有被群体内的其他人排挤或利用。在这种情况下，人们往往不会详细地观察他们所处的环境来寻找与公平相关的信息，而是会依赖于手头的经验信息迅速建构他们对组织的整体公平印象，以便对其所处环境做出整体判断。

请注意，公平启发理论认为，人们形成公平判断时，并不会像学者们那样从理性上分析自己到底面临的是结果公平、程序公平还是互动公平，而是会通过某些不充分线索的启发（或者说是认知捷径）迅速形成一个整体的公平印象。比如，当你第一天去一家单位上班，恰好遇到自己的同事在抱怨上司对他有多么不公正，这个信息会让你迅速形成“该上司对员工不公平”的整体感知。

那么这种整体公平感知有什么作用呢？首先，我们会利用这种整体公平感知来指导和解释随后遇到的相关公平信息。比如，还是上面那个例子，由于你曾经听到同事抱怨过某个上司对他不公平，你也会认为该上司对你的绩效评价结果是不公平、不客观的。其次，这种整体公平感也用来调整人们的情感卷入。当你对某上司形成“对人不公”的整体印象之后，自然就会对其产生厌恶、愤怒、疏远甚至害怕等情绪反应。

既然我们形成的是对公平的整体判断，那么之前所提到的结果公平、程序公平和互动公平是否就变成毫无用途的概念了呢？当然不是。公平启发理论认为，个体在收集公平信息形成整体判断时，信息来源有可能是结果信息、程序信息和与领导互动的信息，分别对应结果公平、程序公平与互动公平。这些不同种类的公平信息在形成整体公平判断时可以相互替代，也就是说可以使用与结果公平、程序公平和互动公平相关的信息作为启发来进行整体公平判断，公平启发理论的提出者将其称为替代效应（substitutability effect）。另外，一个人在利用三种公平信息形成对公平的整体判断时，还受到主因效应（primacy effect）的影响，即一个人更易接受早期的公平信息并给予其较高的权重。也就是说，在一个新的情境下，个体早期遇到的公平或不公平信息对整体的公平判断有更大的影响。

公平启发理论在现实的组织中有广泛的应用，比如说领导在其任期的早期阶段，可以通过塑造其公平对待下属的形象，来让员工对其形成较高的公平感知，进而增加员工对其的信任，提升员工对领导的评价。

当人们处于信息缺乏或模糊不清的状态时，公平信息的替代性就尤为重要。在这些背景下，人们会更有可能利用他们从情境中已获得的与公平有关的信息来解释他们所处情境的整体公平感知（Van den Bos，Lind，Vermunt，& Wilke，1997；Van den Bos，Wilke，& Lind，1998）。也就是说，当个体处在有不确定或不安全体验的情境下时，个体通常会基于公平启发式来重新做出判断，这为不确定管理理论的提出奠定了基础。

下面我们就具体介绍不确定管理理论的内容。

二、人们何时（when）关心公平——不确定管理理论的看法

Van den Bos 等人从社会认知角度提出了不确定管理理论，认为不确定感可以促进公平信息的启发式加工，也就是说，当面临不确定性时，人们才更加关心公平，公平之所以重要是因为可以帮助人们应对不确定性，缓解由不确定感所引起的不舒适感。

（一）不确定感的内涵

由于社会、经济的高速发展，组织内的员工每天都面临着高不可预测性和不确定性。个体对事情不完全了解因而不能做出预测，而行为决策研究认为不确定感与在决策时一件事情发生的概率有关（Kahneman，Slovic，& Tversky，1982）。社会心理学家通常认为不确定感指个体不能确定将会发生什么，也不确定在某个情境下除了自己所了解到的，可以获得哪些信息（Van Dijk，H. Wikle，M. Wilke，& Metman，1997）。比如说，人们也许会说他们不确定是否可以信任某个人，因为他们不了解这个人就不足以形成值得信任的确切判断。此外，还存在一些不确定情境，个体不能理解情境的重要特征或者对于此情境下的关系和规范没有足够的信息（Garner，1962；Kagan，1972）。

不确定感一般分为两种：信息不确定感（informational uncertainty）和个体不确定感（personal uncertainty）。前者指个体不能获得足够的信息来形成社会判断；而后者指个体对自我、世界观与其所在的环境产生的疑惑或不稳定的感觉，源于个体对自身的不确定。此外，个体不确定感还包含个体对自身感到不确定时所体验到的感受以及一些主观反应。

总体而言，情境、社会、个人因素与文化都会影响一个人的不确定感。个体的自我确定感是各种知觉、感觉和行为的关键组织原则、参照点或整合框架，因此，自我确定感对个体来讲至关重要。人们一旦受到不确定的威胁，他们就会寻找一些方式来忍受不确定或从认知上管理不确定以消除不确定带来的不舒适感。

尽管人们这么不喜欢不确定感，但也不是说人们会总想去降低不确定性，如果人们对什么都确定的话，生活将会变得枯燥无味。有时，人们希望体验新的、不确定的事件，偶尔也会寻求可能的危险带来的刺激感，比如尝试蹦极、降落伞等刺激项目。但即使人们有时会寻求不确定感，他们也是要保证这种不确定感在某种程度上是可以被管理的。

（二）通过公平判断来管理不确定感

Van den Bos 和 Lind（2002）构建了不确定管理理论（Uncertainty Management Theory，UMT)，他们认为，公平作为一种社会规范，对人们来说十分重要，因为他们可以借助公平判断来管理不确定感。

不确定管理理论并不是灵光闪现的结果，而是在实证研究的推动下慢慢呈现出来的。Van den Bos 和 Lind 通过一系列的实验室研究和现场研究发现，当人们不确定权威是否值得信任时，他们就会十分依赖程序公平信息，这就是所谓的公平过程效应。但是，当人们确定权威值得或不值得信任时，也就是不确定感低时，他们就会较少使用程序公平信息，此时公平过程效应就会变弱。由此，Van den Bos 等人（1998）推测，当人们从感到不确定到确定的过程中，会越来越少依赖公平信息。

根据不确定管理理论，不确定感成为公平感与公平反应的一个调节变量。当不确定感高时，人们对公平会更加敏感；而不确定感低时，他们对公平信息具有较少的敏感性。就像之前公平启发理论讨论的那样，判断是否被他人公平对待是个体与组织建立新关系时应对多种不确定性的一种方式。当个体处于个体不确定或不安全的状态时，为了评估未来他是否可以被公平对待，他就会收集新的信息并重新修正公平判断过程。

当个体不确定感凸显时，个人所信奉的文化和价值观将变得十分重要，这为个体提供了一种应对不确定感的手段，符合其个人文化世界观的经验会减弱其对不确定感的体验。而且，人们也会对符合他们世界观和文化准则的人或行为做出积极的反应，而对违背这些原则的人或行为做出消极反应。

三、不确定管理理论在论文写作中的应用

（一）不确定管理理论的拓展研究

Thau、Aquino 和 Wittek（2007）通过员工和领导多源数据探讨了公平、社会比较取向和反社会工作行为之间的关系。根据不确定管理理论，具有高社会比较取向的个体对自我会体验到长期的不确定性，这就会加强人际公平和程序公平感知对反社会工作行为的影响。研究结果发现，员工的人际公平感知与领导评定的反社会工作行为之间的负向关系在那些具有高社会比较取向的员工中更加强烈。

> 能够解释公平判断影响工作行为的另一个替代模型是不确定管理理论（UMT，Lind & Van den Bos，2002；Van den Bos，2002）。根据 UMT，当人们面对不确定性时就会更多依赖公平信息。比如说，当人们不确定他们的领导是否值得信任时，在决策过程中能够表达自己的观点对领导满意度评判有强烈影响（Van den Bos，Wilke，& Lind，1998）。不确定性对公平过程效应的影响也可以被拓展到自我领域。比如说，当人们回忆起对他们自己感到不确定的情境时，公平的程序对情感的积极影响也将会变得

更加强烈（Van den Bos，2001a）。

本研究的一个目标是通过一个使用UMT预测工作行为的现场研究，来将UMT拓展到自我领域。根据UMT的主张，我们假设关于自我与他人，一些人会体验到长期的不确定感，用社会比较取向（social comparison tendency）来反映这个概念（Gibbons & Buunk，1999）。这个预测与Festinger的主张一致，一个人的相对确定性会影响个人的社会比较取向。我们预测对自我有长期不确定体验的人比那些不确定体验较少的人会做出更多的社会比较。反过来，前者的工作行为比后者也更易受到公平问题的影响。根据这个主张，我们假设当人们感觉到自己受到不公平对待时，具有高社会比较取向的人比低社会取向的人更有可能表现出反社会工作行为。据我们所知，这个假设还没有得到验证，所以本文的一个目标是通过验证这个预测是否能适用于有长期不确定体验（De Cremer & Sedikides，2005）倾向的个体来评估UMT的普适性。

将社会比较取向与UMT的观点进行整合，我们假设高社会比较取向的员工相比于低社会比较取向的员工，公平感知将会对其工作行为有更加强烈的影响。这可能是因为有这种倾向的员工更有可能对自我体验到最为根本的不确定性（Gibbons & Buunk，1999）。降低不确定性的动机将会使得他们更加聚焦于使用公平信息来评价他们与他人的相对地位，而对其他信息（比如绩效反馈）的关注相对较少（Tyler & Lind，1992）。因此，对于那些体验了长期自我不确定性的人，公平感知对他们来说将会更加明显，公平感知对其工作行为也有更加强烈的影响。形成的具体假设为：

假设1：相比于低社会比较取向的个体，高社会比较取向的个体的程序公平感知与反社会工作行为之间的负向关系更强烈。

假设2：相比于低社会比较取向的个体，高社会比较取向的个体的人际公平感知与反社会工作行为之间的负向关系更强烈。[①]

该研究通过探讨社会比较取向对公平感知与反社会工作行为之间关系的调节作用，不仅将不确定管理理论拓展到自我领域，还评估了不确定管理理论的普适性。同时，将社会比较取向和UMT的观点进行整合，也为将此理论引入组织行为学研究找到了一个很好的切入点。

（二）不确定性的调节作用研究

Thau、Bennett、Mitchell和Beth（2009）基于不确定管理理论，通过两个研究探讨了管理风格在辱虐管理和工作偏离行为之间的调节作用。研究1发

---

① Thau，S.，Aquino，K.，Wittek，R.，2007. An extension of uncertainty management theory to the self：The relationship between justice，social comparison orientation，and antisocial work behaviors. Journal of applied psychology，92（1），250-258.

现在专制管理风格（authoritarian management style）低（高情境不确定性）而不是专制管理风格高（低情境不确定性）条件下，辱虐管理与员工组织偏离行为之间的正相关关系更加强烈，但这种交互效应在人际偏离上不显著。研究2发现在员工知觉到的组织管理风格反映高不确定而不是低不确定条件下，辱虐管理与直接指向主管和组织的偏离的正相关关系更加强烈。

我们研究模型的起点是在组织中员工会遇到多种不确定，但从认知上进行管理或忍受不确定（Lind & Van den Bos，2002）的研究还相当贫乏。基于不确定管理理论，公平相关的信息给员工提供了一种管理不确定的方式（Lind & Van den Bos，2002；Van den Bos & Linder，2002）。也就是说，当员工体验到不确定时，公平问题就会变得更加突出。这也解释了为什么管理者的虐待与高水平的不确定性相结合比虐待与低水平不确定性相结合会导致员工更加消极的反应（Tangirala et al.，2007）。

在本文中，我们认为管理者的行为和决策即“管理风格”引起的不确定性，将会影响员工对辱虐管理的感知及其与工作偏离之间的关系。在研究1中，我们检验了辱虐管理（Tepper，2000）与组织和人际偏离（Bennett & Robison，2000）之间的关系，以及专制管理风格（Heaven，1985）的调节效应。专制管理风格具体指管理者是严格的、教条的、规则束缚的，通常与可预测的管理行为联系密切（Altemeyer，1988）。我们认为当员工知觉到他们的组织管理风格越专制，他们将体验到越少的不确定，因此人际对待的质量对他们来说不明显，进而辱虐对偏离的影响较不强烈。而那些没有知觉到他们组织管理风格是专制的的员工，将会通过偏离对辱虐的管理者有更加强烈和消极的反应。

在研究2中，我们更加严格地验证了员工关于管理风格的不确定感知的影响。具体的是，我们探讨了辱虐管理与指向管理者和组织的偏离之间的关系，以及对管理者行为和决策知觉的不确定性的调节作用。根据不确定性的相关研究，我们将管理风格的不确定性定义为对管理者的行为和决策的感知，是（不）可预测的，（不）惊奇的，和（不）可预料的。……

不确定管理理论可以解释当不确定伴随着不公平对待（像辱虐管理）时，员工会对组织产生消极反应（Van den Bos & Miedema，2000）。当员工遇到一个辱虐的管理者和一个不确定的工作环境时，根据UMT可推测员工会采取消极反应，因为这样做可以使得他们对情境有所控制，就如Lind和Van den Bos（2002）所表述的那样，“伤害组织是为了保护自我”。……①

该研究通过不确定管理理论视角，探讨了公平对待效应的边界条件，具体

① Thau, S., Bennett, J. R., Mitchell, S. M. et al., 2009. How management style moderates the relationship between abusive supervision and workplace deviance: An uncertainty management theory perspective. Organizational behavior and human decision processes, 108 (1): 79-92.

为在什么条件下辱虐管理对偏离会有限制或增强的影响。该研究检验了不确定管理理论应用的广泛性，因为之前有关UMT的研究大多集中探讨对个体不确定的情感和态度反应，而该研究探讨了源于情境的不确定性的调节效应。

(三) 不确定管理理论应用于员工建言行为的研究

Takeuchi、Chen和Cheung (2012) 利用不确定管理理论探讨了人际公平、程序公平和分配公平对员工建言行为的影响。他们的研究发现，人际公平与员工建言行为之间有正向关系，高程序公平会缓冲它们之间的关系。此外，低分配公平会缓和上面的两项交互效应。而且，研究还发现当员工具有高不确定性（比如短的工作或职业任期）时，人际公平、程序公平与分配公平之间的三项交互作用对员工建言行为的影响更加显著。

> 最近研究表明，一般员工会不情愿做出建言行为，因为他们觉得向他们的直接上级表达自己的看法可能是有风险的和不安全的（Detert & Burris，2007；Gao，Janssen，& Shi，2011；Liang，Farh，& Farh，2012；Morrison，Wheeler-Smith，& Kamdar，2011；Walumbwa & Schaubroeck，2009）。他们担心说出来是否安全，源于他们不确定上级是否有开放心态听取或公平接受他们具有建设性但又带有挑战的想法。他们也担心这样的行为可能给他们自己的职业生涯带来不好的结果（Detert & Edmondson，2011）。因此，对于组织来说，懂得怎样克服或降低它们的员工对于建言的顾虑至关重要。
>
> 组织公平与这个问题可能是有关系的，因为不确定管理理论（UMT）已经提出员工使用与领导公平有关的信息来降低他们的不确定感，进而评估他们领导的值得信任性（Van den Bos，Wilke，& Lind，1998）。尤其是，基于此理论的研究已经表明不同类型的公平交互影响员工的工作态度和行为（Lind & Van den Bos，2002；Van den Bos & Lind，2002）。实际上，不同类型公平的结合比单种类型的公平对员工态度和行为的预测要强（Brockner，Chen，Mannix，Leung，& Skarlicki，2000；Van den Bos & Lind，2002）。
>
> 根据建言和组织公平这两个领域的研究，可推测员工使用他们感知到的不同类型的公平作为启发式，来降低他们在建言之前对于领导是否值得信任的不确定性。换句话说，不同类型的公平感知将会交互影响并决定员工的建言行为。但是，这个重要的关系却被先前的研究忽略。……
>
> 不确定感在员工建言行为中有重要的决定作用（Detert & Trevino，2010）。当前研究利用UMT构建了员工怎样使用公平感知来管理他们建言的不确定性。该理论认为员工想“对他们的世界或他们所处的环境感到确定”（Van den Bos & Lind，2002）。具体为，不确定感反映了领导对员工行为的影响，尤其是权威人物是否公平对待员工对员工行为的影

响。……

在日常工作中，当员工感到他们是有尊严的，组织权威对待他们是有礼貌的，他们就更有可能建言，因为人际公平感知向他们传递了领导考虑到了他们的需要（Colquitt et al.，2001），并且将会与他们建立和维持长期的关系（Tyler & Lind，1992）。这样的知觉也许会消除员工的不确定感并且提升他们对权威的信任（Brockner，Siegel，Daly，Tyler，& Martin，1997）。此外，低水平的不确定感也会提升员工对组织目标的认同（Olkkonen & Lipponen，2006）以及使他们在工作中表现出合作态度的动机（Lind & Tyler，1988；Lind & Van den Bos，2002；Tyler & Lind，1992）。因为员工的建言行为有潜在风险，在员工与组织权威的关系具有较低的不确定时，考虑到建言行为可以提升组织效能，具有高人际公平感知的员工更有可能做出建言行为。总结以上，提出以下假设：

假设 1：人际公平感知与建言行为正相关。①

该研究基于不确定管理理论构建了人际公平、程序公平和分配公平对员工建言行为的解释框架，为组织公平与建言行为提供了一个新的理论解释视角，也说明了员工对领导是否值得信任的不确定感对员工的建言行为是至关重要的。

四、对不确定管理理论的评价与反思

不确定管理理论是学者们对公平问题不断追问的结果，其发展路径从结果公平到程序公平和互动公平，再到几种公平类型如何整合，层层追问最后才到不确定管理理论。

对于行为管理的实证研究来说，不确定管理理论最有价值的点在于，它提出不确定性调节了（不）公平感与其结果变量之间的关系。具体来讲，只有当处于不确定的情形之下，人们才开始关心公平的问题，公平感与公平反应（包括消极情绪、报复行为、破坏行为与利他行为等等）才会存在显著的关联。相反，当人们处于一种确定状态时，二者的关联会减弱。

在研究设计与论文写作过程中，如果涉及公平感与其结果变量关系的边界条件等问题时，可以考虑使用不确定管理理论作为理论依据。在实践当中，组织领导者应该关注员工有高不确定体验的情境下公平的作用，因为这些情境下公平信息会产生强烈的心理影响。比如说，绩效评价或晋升通常会引起员工高水平的不确定感，在这些背景下投入更多时间和资源让员工建言，可能就会产生比较好的效果。

有两个问题需要大家一起深入思考。第一，不确定感与不公平感是什么关

---

① Takeuchi，R.，Chen，Z.J.，Cheung，Y.S.，2012. Applying uncertainty management theory to employee voice behavior：An integrative investigation. Personnel psychology，65（2）：283-323.

系呢？依据不确定管理理论，当个体处于不确定状态时，他会对公平信息更加敏感（即对公平更加关注），但这是否意味着公平感与公平反应之间具有更强的关联？第二，不确定感包括不知道是否将获得公平对待，而确定感包括确定知道自己将受到公平或不公平的对待。如果我们说在确定不公平的情况下，公平感与公平反应之间关系会变弱，这听上去颇让人费解。笔者认为，以上两个问题都与如何界定不确定性有关。

主要参考文献

[1] Lind, E. A., Tyler, T. R., 1988. The social psychology of procedural justice. New York: Plenum.

[2] Lind, E. A., 2001. Fairness heuristic theory: Justice judgments as pivotal cognitions in organizational relations//Greenberg, J., Cropanzano, R.. Advances in organizational justice. Stanford, CA: Stanford University Press.

[3] Takeuchi, R., Chen, Z. J., Cheung, Y. S., 2012. Applying uncertainty management theory to employee voice behavior: An integrative investigation. Personnel psychology, 65 (2): 283 - 323.

[4] Thau, S., Aquino, K., Wittek, R., 2001. An extension of uncertainty management theory to the self: The relationship between justice, social comparison orientation, and antisocial work behaviors. Journal of applied psychology, 92 (1), 250 - 258.

[5] Thau, S., Bennett, J. R., Mitchell, S. M. et al., 2009. How management style moderates the relationship between abusive supervision and workplace deviance: An uncertainty management theory perspective. Organizational behavior and human decision processes, 108 (1): 79 - 92.

[6] Tyler, T. R., Blader, S. L., 2003. The group engagement model: Procedural justice, social identity, and cooperative behavior. Personality and social psychology review, 7 (4): 349 - 361.

[7] Tyler, T. R., Lind, E. A., 1992. A relational model of authority in groups. Advancesin experimental social psychology, 25: 115 - 192.

[8] Tyler, T. R., 1994. Psychological models of the justice motive: Antecedents of distributive and procedural justice. Journal of personality & social psychology, 67 (5): 850 - 863.

[9] Tyler, T. R., 1989. The psychology of procedural justice: A test of the group value model. Journal of personality and social psychology, 57 (5): 830 - 838.

[10] Van den Bos, K., Lind, E. A., Vermunt, R. et al., 1997. How do I judge my outcome when I do not know the outcome of others? The psychology of

the fair process effect. Journal of personality and social psychology, 72 (5): 1034 - 1466.

[11] Van den Bos, K., Lind, E. A., Wilke, H. A. M., 2001. The psychology of procedural and distributive justice viewed from the perspective of fairness heuristic theory. Justice in the workplace: From theory to practice, 2: 49 - 66.

[12] Van den Bos, K., Wilke, H. A. M., Lind, E. A., 1998. When do we need procedural fairness? The role of trust in authority. Journal of personality and social psychology, 75 (6): 1449 - 1458.

[13] Van den Bos, K., 2001. Uncertainty management: The influence of uncertainty salience on reactions to perceived procedural fairness. Journal of personality and social psychology, 80 (6): 931 - 941.

[14] Van Dijk, E., Wilke, H. A. M., Wilke, M. et al., 1997. What information do we use in social dilemmas? Environmental uncertainty and the employment of coordination rules. Journal of experimental social psychology, 35 (2): 109 - 135.

第6章
我们为什么会“压力山大”
——资源保存理论的解释

随着改革开放的深入，我们的生活水平得到了飞速的提高。与此同时，我们的生活节奏也日趋加快，许多人因此感到了日益增加的生活与工作压力，“压力山大”这个词经常会挂在人们嘴边。有调查发现，在中国有几千万的心理疾病患者，诱发疾病的主要原因来自工作压力和社会变化对人的心理的影响。可以说，压力在高速发展的中国已经成为一个极其普遍现象。此时人们自然会想：我们的压力是怎么来的？过大的压力对我们的危害是什么？有了压力应该如何调整自己？这些问题也因此日益受到人们的重视。

通过日常观察，我们会发现人们对压力一般有几种认识：第一，人是被有形的工作累坏的，比如，工作时间太长，每天都要加班，时间一久身体就累垮了。第二，人是被无形的工作压垮的，比如有些工作的工作时间倒是不长，但是责任极其重大，总让人焦虑不安，时间一久身体就垮了。第三，人是被自己吓坏的，比如有些人天生胆小，喜欢胡思乱想，自己吓唬自己，自然压力也很大。

西方社会的一些国家，比如美国、日本、英国、德国等较早地进入了现代化，自然也就比我们较早地得这种“现代病”。因此，学术领域对压力及压力管理的研究开展得也较早，其间出现了大量的理论观点和实证研究。资源保存理论是晚近出现的一个解释压力产生原理的理论，以往研究者提出了几种观点用于解释压力的产生，但在面对现实时总存在很多缺陷。资源保存理论由此进入压力研究者的视野，该理论把压力和压力应对研究引上了有不一样风景的道路。下面，我们就先看看资源保存理论出现之前，研究者们对压力都有哪些认识。

一、资源保存理论产生的背景

（一）压力是一种生理反应——Cannon 与 Selye 的观点

在科学领域，物理学是一个发展较早的学科，这种先发优势很容易导致其他学科的研究者跟随与模仿物理学的思维模式。压力这个概念就是从物理领域借来的，比如一块铁片，可以抵抗中等强度的压力，压力再大就会失去弹性，而一块钢片则可以抵抗更强的外力，在更大的强度下也不会失去弹性。尽管将人应对压力类比为金属抵抗外力很不精确，但这种类比让人对压力有了一个直观的认识。

Cannon（1932）率先将压力概念应用到人类身上，认为冷、缺氧和其他环境等压力源对有机体会产生影响，初始的或较低水平的压力能够忍受，但持续的或严重的压力会导致生物系统的崩溃。Selye 系统地发展了 Cannon 的观点，他认为压力是人的一种反应，是人的生理系统用于阻止环境挑战对身体产生影响的防护措施。按照 Selye 的观点，人的身体会紧随外界压力的出现和增加依次产生警觉、抵抗和耗竭等三个反应，Selye 将这些反应称为一般适应综合征（the General Adaptation Syndrome，1950，1951，1956）。

Cannon 与 Selye 的理论简洁而直接，但还难以全面解释我们观察到的一些压力现象，概括起来有两个弱点：

第一，一般适应综合征理论仅仅描述了人类面对压力时的一致性反应（即警觉、抵抗和耗竭），它难以解释不同人在压力感知敏感度以及压力应对能力方面的差别。当然，你可以说，有人是铁，有人是钢，自然压力敏感度和压力应对能力不同啦。如果你同意这种说法的话，你的思维方式仍属于类比思维，这种思维可以帮助我们去理解事物，但不能帮助我们去具体解释事物。人与人之间的差别毕竟不是钢与铁的在分子结构方面的物理差别，而是在体质、人格、知觉和思维风格方面的差别。一般适应综合征理论则不能解释人与人之间的这种差别对压力感知和压力应对的影响。

第二，一般适应综合征理论只是对压力产生过程的一个直观描述，只有当我们感觉到自己出现了一般适应综合征症状后才能感知到压力的存在，这样的话我们就不能提早识别压力的起因，只能被迫看到结果后才知道压力产生。因此，一般适应综合征理论对于缓解压力和应对压力几乎是毫无助益的。

（二）压力是一种外界刺激物——Elliot 与 Eisdorfer 的观点

持有这种研究思路的学者将注意力集中于外界刺激物（而不像 Selye 那样集中于个体的生理反应），他们通过研究不同刺激物的特性来分析压力产生的机制，代表人物是 Elliot 和 Eisdorfer，他们（1982）将能够引起情绪困扰、心理压力感或身体的损伤或恶化的刺激物定义为压力源，并解析出了四种压力源：（1）急性的、有时间限制的压力源，比如着急去看牙医；（2）压力续发事件，比如离婚、丧失亲友或失业等；（3）长期的、间歇性的压力源，比如考试、参加不喜欢的会议、定期的恢复治疗等；（4）长期的压力源，比如身体虚弱、婚姻不和谐或职业危险等。

Elliott 和 Eisdorfer 的这种将压力源按标准进行划分的思路对我们认识压力很有帮助，因为列举出了哪些刺激物可能会引起压力反应，并对这些事件进行分类，就可以帮助我们比较人们对不同压力事件的反应差异，这对于分析压力产生的原因非常重要。然而，外在刺激物一定是压力产生的直接原因吗？如果是的话，为什么同样都是在加班，有的人就会觉得有压力，而有的人却认为很正常呢？显然，刺激物只是提供了压力产生的可能性，而并不一定会导致压力。

（三）压力是自我感知与自我评价——Lazarus 与 McGrath 的观点

Lazarus（1966）和 McGrath（1970）认为，压力是对环境要求和有机体应对能力之间的持续不平衡的感知。需要注意的是：第一，这个定义表明不平衡是在高环境要求与低应对能力这样负载不足的情况下产生的；第二，压力不是客观环境要求和应对能力的不平衡，而是对这种不平衡的知觉。

Lazarus 和 Folkman（1984）在其提出的交互作用模型中，强调了环境与个体的交互在压力应对中的作用。但他们认为环境是个体评估的，过分强调知觉的作用而忽略环境的变化。

McGrath（1970）提出的压力平衡模型与 Lazarus 的观点很类似。尽管二者都强调环境要求与应对能力的平衡，但也都非常强调知觉的重要性，即环境是非客观的，是个体对环境的感知。

Hobfoll（1989）认为，平衡模型与交互作用模型有三个重大的缺陷。第一，它们没有定义环境要求和应对能力，环境要求会被应对能力抵消，应对能力又会抵消环境威胁或要求，这种推理陷入了循环论证。第二，环境要求和应对能力是事后概念，我们只能在一种资源满足一些环境要求后才知道它的应对能力，我们不能知道未来它是否还能继续作为一种资源，因为我们必须一直等着看个体是否知觉到（值得深思的是，我们很快就会发现，资源保存理论也存在类似的问题！）。比如，在困境面前，乐观这种品质有利于解决出现的问题，此时乐观就是一种资源。但有时个体的乐观会导致他不能根据客观事实做出预期，这时乐观品质反而会阻碍应对，此时，乐观就不能被看作资源。第三，过分强调知觉和评价的作用，导致环境要求和应对能力两个变量都在知觉层面上，这从测量上很难将二者分开。

（四）压力是事件与个体交互作用的产物——Spielberger 与 Sarason 的观点

我们可以看出，上面介绍的几种观点要么强调外部刺激对压力产生的重要性，要么强调个人感知与评价对压力产生的重要性，看上去都有些偏颇。Spielberger 和 Sarason 的研究则将外部刺激与个人评价结合在一起，提出了所谓事件—知觉观点，他们认为，事件与知觉对压力产生同等重要。

Spielberger（1966，1972）认为，如果某些事件对生理或自我产生威胁，那么它们就会被认为是有压力的，它们分别被称为生理威胁（physical threats）和自我威胁（ego threats）。尽管不同特性的个体在应对生理威胁时在某种程度上是一致的（这一观点与 Selye 一般适应综合征理论一致），但人们对自我威胁的反应与个体的人格特质相关。比如说高特质焦虑的人倾向于感受到外界刺激对自我的威胁，而那些低特质焦虑的人倾向于不受自我威胁的影响。因此，事件一知觉观点不是强调刺激物或评估哪一个更重要，而是认为二者的交互作用更重要。另一位研究者 Sarason（1972，1975）通过研究考试焦虑也发现，人格特质的差异使个体对压力的相对敏感性不同，这个观点既可以解释为什么某些事件通常被看作是有压力的而其他一些事件是没有压力的，还可以解释个体对这些有压力事件为什么会有不同程度的反应。

总体来看，Spielberger 和 Sarason 的研究比之前的要复杂很多，不但包括外部刺激和认知评估，还包括人格特质，这在压力概念上应该是一个飞跃，因为许多研究者只强调了评估而忽略了真实环境或人格特质对压力的影响。

然而，Hobfoll（1989）认为，这不符合理论的简约性原则，可以用更少的概念来解释压力产生的机制，而资源就是这样一个很好的概念。在这样的背景下，资源保存理论由此产生了。

二、资源保存理论的主要内容

资源保存理论（Conservation of Resources Theory，COR，Hobfoll，1988，1989，2001）的基本主旨是个体会努力保护、获得与建构他们觉得有价值的资源，并避免那些威胁到他们认为有价值的资源的损失。基于资源保存视角，心理压力（psychological stress）指对环境的反应，包括：（1）资源损失存在的潜在威胁；（2）真实发生的资源损失；（3）资源投资后没有相应的资源获得。以上这三种状况均会引起压力的产生。

（一）资源保存发生过程

个体应对压力的过程又是怎样的呢？压力抵抗通常是个体在面对整体不良生活状况和长期、短期资源损失境况时的一个反应过程（如图 6－1 所示），资源缺乏通常会引起资源损失过程的发生，这时个体就会拿出资源保存的策略，使用他们可获得的资源来尽可能成功地适应。成功适应会产生新的资源，这样他们的资源池就会被注入新的资源，使他们能更加富有地来抵制那些长期的或短期的资源损失情况的发生。相反，不成功的适应会导致消极功能结果和负性情绪，以及资源投入的减少。这种不成功的适应进一步会产生二次资源损失，而且还可能导致长期或短期损失的恶性循环，此外，也会使得资源池里的资源储备减少。

（二）资源在资源保存发生过程中的作用

在以上理论框架里，资源成为理解压力的唯一必要单元，早期阶段此理论主要列出了四种资源：（1）物体资源，根据物体的物理属性、稀有性或以物体为成本可以获得的象征价值。比如说，家庭有价值，因为它可以提供庇护场所。（2）条件（conditions）资源，指人们追求的在某些情况下有价值的资源，例如婚姻、任期和资历等，这些被个体或群体认为有价值的资源，也许能给压

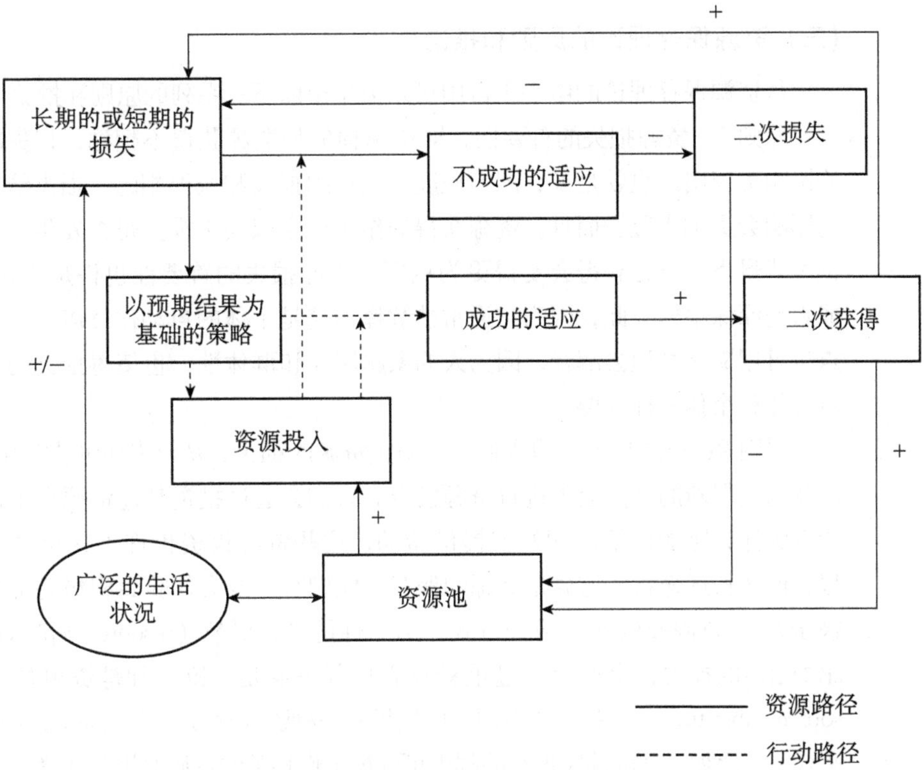

图 6－1　**资源保存理论的基本框架**

力抵抗提供潜在的方向。(3) 个人特征资源，指那些一般会帮助应对压力的资源，包括许多个人特质和技能，比如自尊、自我效能和经验等。(4) 能源性(energies) 资源，包括时间、金钱和知识等，这些资源不根据它们固有的价值进行分类，而是根据它们帮助获得其他资源的能力来进行评定，比如说，当需要大量资源时，社会网络的规模将变得十分重要。

Hobfoll 用资源敞篷车概念生动地描绘了资源的聚集性，同样性质的资源像是会在敞篷车里直接聚集，一种主要资源与其他资源密切相关。比如高自我效能，会与乐观、社会支持的获得紧密相连，而低自我效能会与差的社会支持、低自尊和不适当的应对方式相联系。此外，资源还具有生命，可流动，在某个时刻资源的缺乏倾向于影响未来某个时期。除非有针对性地直接改变一系列资源，否则资源会像敞篷车那样发生移动，资源水平也会发生改变。

资源也具有两面性，比如说社会关系作为一种资源，不仅能提供或促使有价值资源的保存，也能减损个体的资源，也就是说，当社会关系满足情境需要时社会支持是有益的，当它不能满足时社会支持是有害的。环境条件经常会威胁人们资源的保存或引起人们资源的损耗，比如说会威胁到个体的地位、经济稳定性、爱的人、基本信念或自尊等。当然，资源定义的模糊性也受到学者的批判 (Gorgievski，Halbesleben，& Bakker，2011)。

(三) 资源保存理论的原则和推论

从资源保存理论的中心主旨中可以衍生出以下一系列的原则和推论：

原则 1：资源损失的首要性，即资源损失与资源获得不相称，损失比获得的影响更突出。也就是说，同等程度或大小的损失和获得相比，损失给人带来的影响会更加明显，而且，资源获得的作用也会取决于损失是否发生，在资源损失背景下，资源获得会变得更为重要。资源损失的首要性也许是生物性的，或者是深深根植于此，因为它通常被解释为这是个体的自动化反应。此外，这点也可用文化过程去解释，因为人的家庭属性和群体性，也使得损失的首要性对群体和个体一样重要。

原则 2：资源投资，即人们为了防止资源的损失，从已发生的损失中恢复，以及为获得新的资源会先进行资源投资。人们会通过投资其他资源来丰富他们的资源池，比如说给亲朋好友提供帮助，这些资源投资也许不一定会得到回报，但从长远来看，这算是资源的保存，他们有可能会体验到积极的福祉（积极压力)。资源投资包括两种方式：第一种是资源更替（resource replacement)，比如自尊的损失，也许会通过重新建立自尊来满足。第二种是资源替换（resource substitution)，损失的资源可以用另外一种资源领域里具有同等价值的资源来代替。比如，家庭冲突带来的损失可以被工作相关的资源的投入补偿。

在原则 2 的基础上形成了四个推论。

推论 1：资源富有的人较不容易受到资源损失的影响，而那些资源匮乏的人会比较容易受到资源损失的影响，并且获得资源的机会会较少。资源的价值在于它们对期望目标对象有哪些效用，比如对于爱、金钱和家庭来说，就可以作为其他期望资源获得或维持的投资资源，还有像自我效能和社会支持等资源也很重要，因为它们既可以致力于资源储备的丰富和维持，其自身还是被期望获得的资源。个人的、社交的和经济资源均可以被用来投资以帮助抵抗压力，像自我效能、乐观、自尊、凝聚力、社会支持和个性大胆等。

推论 2：那些缺乏资源的人不仅很容易受到资源损失的影响，而且最初的损失还会引起进一步的损失。资源损失是有压力的，人们必须投资资源来抵制进一步的资源损失，一旦初始损失发生，人们受到随后损失影响的可能性就会增加。也就是说，资源的损失和获得都存在螺旋，损失螺旋比获得螺旋更具有影响力，而且损失螺旋的加速也更快。

推论 3：与推论 2 相似，推论 3 认为那些拥有资源的人更容易获得资源，最初的获得会产生进一步的获得。

推论 4：那些缺乏资源的个体更有可能采取防御态度来保存他们的资源。Schönpflug（1985）通过一系列的实验室研究表明资源消耗的个体为了保存他们的资源，通常会选择一种防御策略而不是投入应对努力和资源。比如说，在亲密关系领域里，有过人际关系损失经历的人也许会更不愿意在新关系中投入资源。有的人会认为他们较孤单，可能更会寻求与他人的强烈关系，但事实上他们害怕进一步的损失，以及被消耗的人际技能，阻止了他们以一种主动的方式去改变他们缺乏的关系和痛苦的情绪。当然，在长期的适应过程中，资源的保存也可能只是暂时的，当条件允许或获得新资源时，他们随后仍有可能会进行资源投资。

三、资源保存理论在论文写作中的应用

最初资源保存理论是用于解释个体怎样应对压力的，目前，资源保存理论在实证研究中已被广泛应用，有研究直接去验证资源保存理论中的获得螺旋和损失螺旋，还有研究基于资源保存理论去探讨资源对个体和组织的影响。下面我们就简单介绍几篇与此理论相关的论文。

（一）直接验证资源保存理论的获得螺旋

Halbesleben 和 Wheeler（2012）研究了人际组织公民行为（OCB-I）、同事支持和同事信任三个变量之间的关系（模型见图 6－2），作者通过探讨同事之间日常帮助行为和个体资源之间的互惠关系，验证了资源保存理论中资源获得螺旋的存在。

首先，我们来进一步描绘资源过程。对 COR 理论的一个主要批判是资源的模糊性定义（Gorgievski，Halbesleben，& Bakker，2011）。COR 理论认为资源是在一个特定的背景下根据它们的价值来定义的，也就是说对一个人来说是资源，但对另外一个人来说就可能是要求。资源的定义取决于独特的个人与背景因素的交互。但在本研究中，我们通过解释资源支持的知觉和未来资源投资的工具性观念等资源投资行为来澄清资源，我们使用在以往研究中被认为是“资源”的变量，包括组织公民行为、同事支持和同事信任（Gorgievski et al.，2011）。具体为，从同事那里获得的相关资源（支持）会增加未来投资的信念，因为同事会产生额外的资源获得（信任），来预测资源投资行为（OCB）。

我们根据资源获得循环概念来建立这个模型，虽然资源获得循环在 COR 理论的动机过程中有很关键的作用，但很少有实证研究去仔细探讨这个问题（Hakanen，Perhoniemi，& Toppinen-Tanner，2008；Mäkikangas，Bakker，Aunola，& Demerouti，2010；Weigl，Hornung，Parker，Petru，Glaser，& Angerer，2009）。根据 COR 理论，当员工获得个体资源时，他们可将这些资源投资以获得额外的资源。我们假设亲密的同事在建立互惠的资源获得循环时，即帮助行为增加同事知觉到的个人支持和随后的信任，同事也会回报做出帮助行为。这种获得螺旋的互惠模式可以在日常工作中观察到。已有的资源损失和获得螺旋研究认为那些螺旋是根据互

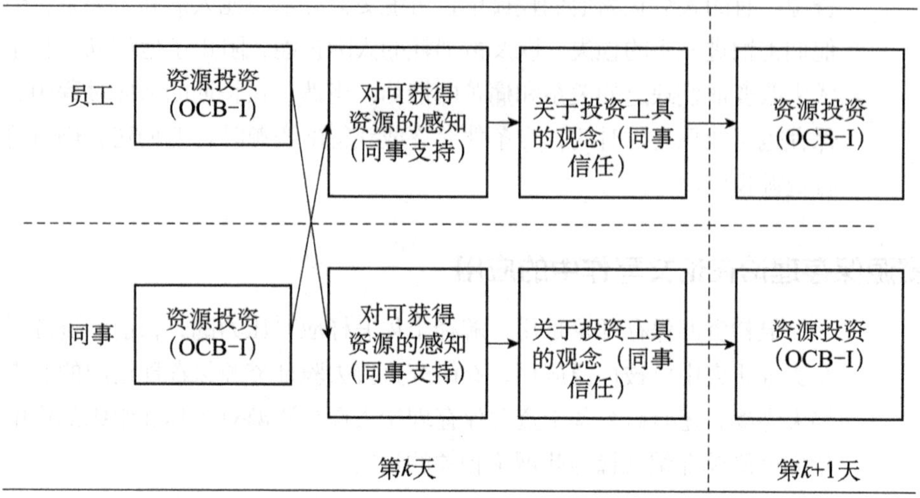

图 6-2　OCB-I、同事支持和同事信任之间的假设模型

惠因果关系发展的，也就是说在资源循环中个体资源强化了彼此。本研究根据员工之间的互惠投资关系来解释资源获得螺旋，拓展 COR 理论。在研究中有一个明显的空白，我们会经常观察到在工作中同事是支持的重要来源，但很少有研究直接验证呈现动态性的人际资源螺旋。

相对来说，很少有研究关注员工怎样决定他们可获得的支持水平。我们认为接收到来自同事的帮助行为会使得员工感知到他们的资源可获得性变大。随着时间的流逝，这个观点尤其正确，因为员工能识别出帮助行为向他们传递出未来帮助行为的可获得性增加的信号。因此，我们认为当一个同事对其他同事投入帮助行为，就会增加其他同事未来可以利用的可获得的资源。也就是说员工 A 的帮助行为会致使员工 B 产生支持感知。

假设 1：同事对其他同事的资源投入（组织公民行为）将会增加其他同事对可获得资源的感知（社会支持）。

COR 理论认为人们会被激励继续获得资源，并且他们会通过战略性的资源投入来实现（Hobfoll，2011）。当我们知觉到拥有更多资源时，为使得未来获得更多投资回报，我们就会投资更多资源。以社会支持为例，在能够最大化利用的地方，那些资源就会倾向于被投资。我们主张如果员工知觉到同事的支持，最好的策略就是再次回报这些同事，因为他们看起来是愿意在未来提供支持的（Halbesleben & Bowler，2007）。根据我们上面的例子，员工 B 的支持感知会致使随后员工 B 对员工 A 采取帮助行为。

假设 2：高同事支持感知与对此同事的组织公民行为的更大的投资积极相关。①

① Halbesleben，J. R. B.，Wheeler，A. R.，2012. To invest or not? The role of coworker support and trust in daily reciprocal gain spirals of helping behavior. Journal of management，41 (6)：1628－1650.

基于此，该论文提出两条路径：一条为同事的帮助行为（即人际组织公民行为）会增加自己的同事支持知觉，随后作用于对同事的信任，进一步决定自己的帮助行为；另一条为员工的帮助行为增加了同事对自己的支持知觉，增加了同事对自己的信任，随后决定同事的帮助行为。通过对这两条路径的拟合，进而验证了资源投资行为—知觉到可获得资源—投资的工具性观念—进行资源投资行为的资源获得螺旋的存在。这篇文章对 COR 理论的资源获得螺旋进行了直接验证。

（二）内部动机可以打破耗竭的损失螺旋

Brummelhuis、Hoeven、Bakker 和 Peper（2011）基于资源保存理论探讨了耗竭过程包括一个损失循环，此循环会消耗资源，并增加要求。此外，这篇文章还探讨了内部工作动机和外部规定的工作动机是否会减弱或恶化这个损失循环。研究发现基线水平的耗竭预测了因增加的工作要求（如工作负荷）引起的未来的耗竭以及工作资源的降低（如社会支持和信息等）。而且，外部规定会加剧基线水平的耗竭与增加的要求之间的正向关系。他们认为内部动机是一个重要的因素，能够使员工打破耗竭的负性循环。

> 资源保存理论将耗竭描述为一个资源损失的纵向过程，耗竭可被看作一个向下的循环，在循环中资源损失引发未来的资源损失和要求的增加，促使了耗竭的持续发展。尽管耗竭的损失循环是有吸引力的，但仍然很少有实证研究验证损失循环（Schaufeli，Bakker，& Van Rhenen，2009），因此，本文的第一个目标是通过一个纵向研究来探讨耗竭随着时间的变化而变化的过程。采用 COR 理论作为理论基础，我们提出耗竭是否会形成未来资源损失和要求的增加，进而导致未来耗竭水平的增加。
>
> 此外，很少有研究解决为什么某些员工会形成耗竭以及为什么会陷入这种困境等问题。有研究表明资源管理和要求应对在不同个体之间的不同，取决于不同的个体特征（Parkes，1994；Salanova，Peiro，& Schaufeli，2002；Schaubroeck，Jones，& Xie，2001）。动机是一个重要的个人因素，很有可能会影响到耗竭的损失循环，在体育和教育心理学中，动机是解释幸福感和表现的关键结构（Ryan & Deci，2000a；Vallerand，1997）。Ryan 和 Deci（2000b）在自我决定理论中描述了动机的作用，认为具有内部动机的人比外部动机驱动的人更有毅力、更专注，而且在完成工作时也会更加努力。不像外部动机，有内部动机的人与较高的自尊和积极情感相关（Vallerand，1997）。伴随外部动机的因素，比如消极情感、毅力低可以解释为什么一些人会更容易在耗竭下降的循环里应对失败。因此，一个比较有趣的想法是有内部动机的人可以打破耗竭的损失循环，因为他们投入更多努力，并且对从悲惨情境中脱离出来有一个更加积极的态度。本文的第二个目标，探讨员工的动机类型（内部的 vs 外部的）对耗竭的损失

循环的调节作用。

根据COR理论，尤其是损失循环，可以帮助解释工作相关的耗竭。在工作中，员工能够获得一定水平的工作资源以帮助他们应对工作要求。工作要求指那些在生理、心理、社会或者组织方面的工作特征，要求员工付出生理和心理努力。工作资源指能够帮助员工完成工作目标，降低工作要求以及刺激个人发展和成长的与工作相关的生理、心理、社会或组织方面的资源（Demerouti，Bakker，Nachreiner，& Schaufeli，2001）。耗竭自身就反映了人拥有低资源（低能量，消极心境）的情境，耗竭将会引发进一步的以资源损失和要求增加为特征的损失循环，这样又会导致耗竭感增加。在工作中，耗竭的员工很少能成功保持或聚集工作资源，而且也很少能有效应对工作要求。因此，形成了假设1：

假设1：基线耗竭通过减少工作资源和增加工作要求（损失循环）预测未来的耗竭。①

这篇文章基于COR理论提出并验证了工作耗竭存在损失循环，如果个体使用一定的资源后不能成功应对耗竭，将会产生进一步的损失，使得工作要求增加，又会进一步加剧耗竭感的增加。该研究探讨了可能打破耗竭损失循环的边界条件，由基线耗竭感引起的资源的减少和要求的增加在内部动机高的个体身上不突出。探讨打破损失循环的边界条件具有重要意义，可用于指导管理实践的干预活动的开展。

（三）个人资源和社会资源对绩效的影响

Marchand和Vandenberghe（2016）认为资源保存理论是用于解释知觉到的组织支持（perceived organizational support，POS）效应的有用理论框架，其研究以COR理论为基础探讨了知觉到的组织支持、情绪耗竭、离职、消极情感变量之间的关系，具体模型见图6-3。

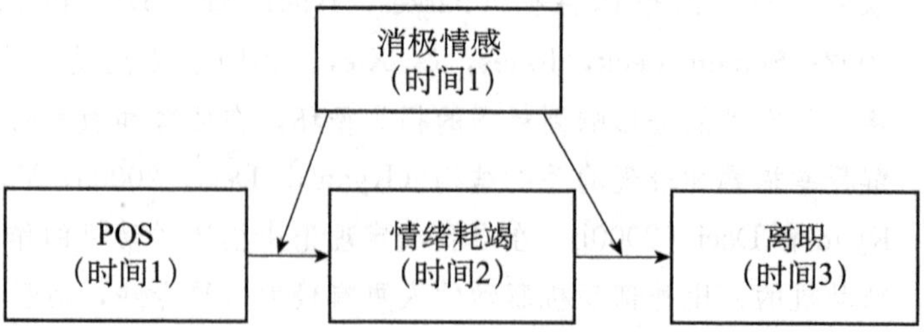

图6-3 POS、情绪耗竭、离职和消极情感之间的假设模型

在当前研究中，我们使用了资源保存理论作为一个解释框架来解释

① Brummelhuis，L. L. T.，Hoeven，C. L. T.，Bakker，A. B. et al.，2011. Breaking through the loss cycle of burnout：The role of motivation. Journal of occupational and organizational psychology，84（2）：268-287.

POS的效应。COR理论将目光聚焦于资源在压力和倦怠反应中的作用，并对压力过程做出解释（Halbesleben，2006；Hobfoll，2011；Holahan，Moos，Holahan，& Cronkite，1999）。Hobfoll（2002）认为那些对人们有重要价值（如自尊、亲密关系和健康等）或可以帮助达到重要价值（如金钱、社会支持和荣誉等）的都可成为资源。根据COR理论，POS可以被认为是一种社会资源，因为它表明员工在完成工作时可获得组织的帮助，也表示组织尊重、关心他们。……

POS是员工开始应对工作要求或工作压力时组织能够给予他们帮助的指标，研究表明POS与情绪耗竭、心理压力呈负相关，而与幸福感呈正相关。这些也与之前对社会支持和情绪耗竭之间负性关系的元分析一致。

以上结果可以使用COR理论的原则进行解释，提供支持（如POS）降低发现工作中困难和完成工作时注意力分散的可能性，POS能提高工作期望的清晰性以及规范的可理解性。而且，Armstrong-Stassen的研究表明，有高POS的员工在工作中更易采用控制应对而避免使用回避应对策略。因此，POS帮助员工在工作中获得信息和工具支持，进而有利于他们成功应对工作要求（Armstrong-Stassen，2004；Baran et al.，2012）。这些都解释了POS可以引发一个资源获得循环，正如COR理论预测的一样，最终会降低以后情绪耗竭体验的可能性。根据以上推理，形成以下假设：

假设1：POS与情绪耗竭呈负相关。

COR理论强调了资源在耗竭和压力反应中的作用，相关研究将资源主要分为两类：个体资源和社会资源。个体资源指个人的特征（如人格特质）、能源（如获得报酬的时间）、物体（如房子）、条件资源（如工作地位），个体资源帮助个体应对有压力的情境，有助于资源的获得，也会影响个体的知觉、态度和行为（Barsade et al.，2003；Ng & Sorensen，2009），这些资源可以阻止耗竭的发生。……情感性特质是一种个体资源，这种特质有两种成分，积极情感（PA）和消极情感（NA），前者代表了与压力变量呈负相关的个体资源，而后者代表了与这些结果变量呈正相关的个体资源。在当前研究中，研究者认为NA可以抵消POS对情绪耗竭的降低效应。相比于低NA，高NA的个体感觉更加痛苦、愤怒、焦虑和内疚。当高NA的员工应对工作要求时，知觉到自己缺乏个人资源，会体验到压力和不确定性增加（Spector，Zapf，Chen，& Frese，2000）。……形成了以下具体假设：

假设2：NA调节POS和情绪耗竭之间的关系，即在高NA水平下，POS与情绪耗竭之间的正向关系更强。

……高NA个体体验到较为强烈的情绪耗竭后，将会使得他们寻找方法来阻止他们进一步的资源损失。考虑到情绪耗竭倾向于会逐渐形成一种

回避应对策略，他们采取回避行为或离开组织的可能性将会增加。……①

我们可以看出，在上面的研究中，研究者将POS和NA看作资源，POS作为一种社会资源可以降低情绪耗竭，而消极情感作为一种个体资源，可以削弱POS对情绪耗竭的影响，COR理论中强调的资源在耗竭过程中的作用得到诠释。

四、对资源保存理论的评价与反思

压力管理是社会心理学和组织行为领域中比较成熟的研究话题，从Selye提出一般适应综合征理论之后，陆续产生了很多与压力有关的理论。但这些理论要么是讨论压力应对的反应过程，要么只是从某个角度（如环境刺激、人格特征或者个体知觉）来解释压力产生的机制。资源保存理论在借鉴和整合之前理论观点的基础之上，不仅描述了当个体面临压力时的反应，还描述了个体在未面对压力时的心理或行为活动。

资源保存理论的核心观点认为，当个体面临压力时，个体会努力将资源的损失最小化，而当个体没有面临压力时，人们会努力发展自己的资源，以抵制未来损失的可能发生。

如前面的例文所述，在以下情况下可以考虑依据资源保存理论提出和发展自己的假设。第一是资源开发，比如说，当我们探讨工作场所中同事或上下级之间的互惠行为时，员工为了未来获得更为丰富的个体资源，会先进行资源投资，对同事或领导表现出积极的情感或行为；第二是资源保存，比如探讨员工应对高工作要求或在高压力情境下产生耗竭感时，员工可以利用可支配的个体或社会资源来抵抗压力带来的负面情绪，阻止其他资源的进一步损失，打破资源损失循环，从而也使压力得到缓解。

虽然最近资源保存理论在组织行为学研究中很受欢迎，但也遭受了很多批评，有些批评甚至是颠覆性和致命的。首先，资源的定义过于模糊。按照资源保存理论，所有“好东西”都可以定义为资源，也就是说，好东西与资源几乎是同义词，这在哲学上被称为分析性命题，就好比我们说，“没有结婚的人叫单身”“有两种性取向的人叫双性恋”等等，这些命题可以帮助我们明白和理解某个概念，却不会提供知识，因此也就不会有理论贡献。从这个角度来讲，资源定义的模糊性对资源保存理论来讲是个非常致命的缺陷。

其次，我们姑且将定义模糊放在一边，继续追问“什么是好东西（即资源）呢?”根据资源保存理论的观点，凡是利于个体减少压力的林林总总都可以归为其列。也就是说，我们只有在知道了压力结果之后，才能够断定什么对减少压力有利，即什么是资源。当下次遇到类似情况时，我们也必须再次根据

---

① Marchand, C., Vandenberghe, C., 2016. Perceived organizational support, emotional exhaustion, and turnover: The moderating role of negative affectivity. International journal of stress management, 23 (4): 350-375.

压力结果来判断其是否为资源。大家是否对此批评的逻辑很熟悉？是的，资源保存理论在批评知觉评价观点时也是这种思路，结果它自己也陷入了同样的逻辑泥潭。

主要参考文献

[1] Brummelhuis, L. L. T., Hoeven, C. L. T., Bakker, A. B. et al., 2011. Breaking through the loss cycle of burnout: The role of motivation. Journal of occupational and organizational psychology, 84 (2): 268 - 287.

[2] Halbesleben, J. R. B., Wheeler, A. R., 2012. To invest or not? The role of coworker support and trust in daily reciprocal gain spirals of helping behavior. Journal of management, 41 (6): 1628 - 1650.

[3] Hobfoll, S. E., 1988. The ecology of stress. New York: Hemisphere Publishing Corporation.

[4] Hobfoll, S. E., 1989. Conservation of resources: A new attempt at conceptualizing stress. American psychologist, 44 (3): 513 - 524.

[5] Hobfoll, S. E., 1998. Stress, culture, and community: The psychology and philosophy of stress. New York: Plenum.

[6] Hobfoll, S. E., 2001. The influence of culture, community, and the nested self in the stress process: Advancing conservation of resources theory. Applied psychology: An international review, 50 (3): 337 - 421.

[7] Marchand, C., Vandenberghe, C., 2016. Perceived organizational support, emotional exhaustion, and turnover: The moderating role of negative affectivity. International journal of stress management, 23 (4): 350 - 375.

第7章 徘徊在魔鬼与天使之间

——道德补偿理论对个体行为的解释

根据笔者的非专业观察，影视剧的人物设计在最近几十年来发生了很大的变化。记得小时候看电影时，第一件事就是先猜谁是好人，谁是坏人，这通常是一个非常简单的任务，七八岁的小孩子基本上在电影开演10分钟后就能搞清楚。后来，影视剧人物就变得复杂起来了，我们经常发现“好人”在做坏事，“坏人”也可能在做好事，电影演完了都难分天使和魔鬼。这样的改变体现了某种进步，至少更能反映人性的现实性和复杂性。

在日常生活中，我们也经常会听到或看到类似的情况，一个让你不齿的人突然干了件让你觉得“高大上”的事情，一个大家都认为的“好人”反而做了件让人不齿的事情。碰到这种事，我们往往会抒发一下人心难测、造化弄人之类的感慨。

在商业领域，道德的问题也不容忽视。俗语讲“无商不奸”，这一俗语反映了我们的一种担心（有时这种担心会变成现实），担心商业人员在做决策时，由于主要关注如何提高组织运行效率，而忽略了自己决策行为的道德性。近些年来，大量商业丑闻被爆出，组织中的道德问题旋即引起了实践者和学者的广泛关注。学者们倡导应该更多地从道德的角度研究组织管理问题，并提出了大量与道德有关的学术概念，如道德领导、德行领导等。

无论是日常行为还是商业活动，关于道德都涉及一个深层次的理论问题，人为什么会做出有道德（或者不道德）的行为？至今已有很多理论试图对这个问题给予回答，今天介绍一个新近出现的理论——道德补偿理论。

一、道德补偿理论产生的背景——道德选择的理性与直觉性

在道德补偿理论提出之前，已经有很多学者提出了很多见解与理论来解释道德的产生机制。道德补偿理论的提出，多多少少带有一定的偶然性。

（一）道德行为的理性选择

在道德决策的研究历史中，有一种观点认为，道德行为的选择是一种理性推理行为，只要给人们足够的时间，从多方面来思考道德两难困境，充分考虑多种替代选择的优点，人们就会做出更加道德的选择。这种观点由来已久，古代哲学家柏拉图、禁欲主义学派的学者们以及17和18世纪的哲学家们（如Cudworth），均认为道德推理决定道德选择。

组织管理领域的很多学者也继承了这种观点，并将其发扬光大。比如Kohlberg认为，意识到的、以语言为基础的思考最终决定了道德选择。再如，Rest（1986）提出的道德选择四阶段模型认为，个体在做出道德选择时，往往会经历以下四个阶段：第一阶段，意识到道德问题。第二阶段，进行道德判断。第三阶段，形成道德意图。第四阶段，做出道德决策。Ferrell、Gresham和Fraedrich（1989）提出的五阶段模型则认为，个体在做出道德选择时，往往会经历意识、认知、评估、决策和行为五个阶段。由此可见，意识到某个选择的道德性是做出道德决策的第一步。

这种理性选择理论认为，做出道德选择（即选择某种行为而拒绝相反的行为）就像科学家发现真理一样，经过的思考与推理越多，就越有可能做出道德选择。

（二）道德行为的直觉选择

与道德行为的理性选择理论观点相对应的是，还有学者认为，好坏自在人心，人们做出道德决策和行为之前并不需要经过严格而冗长的推理过程，而是通过个人直觉做出判断，这种观点我们可以称之为道德选择的直觉观点。

在这个阵营中，代表性的人物是Haidt，他认为（2001），理性推理过程不过是人们做出道德判断之后的一种事后建构而已，由于受到社会和文化影响，道德判断是一个迅速的自动化评价过程。为了说明自己的观点，Haidt提出了四个理由来质疑道德判断的理性模型。第一，认知心理学的研究发现，一个人做出判断时往往受到自动化加工和有意识加工两个并行通道的影响。而道德判断的理性模型显然只考虑了一个通道。第二，道德判断往往是为了自我辩护，这会导致个体先有一个对自我有利的立场（直觉层面），然后再寻找理由进行辩护（理性立场）。这就像律师为自己的客户辩护那样，即先有了为客户服务的立场，然后再找证据为自己的客户洗刷罪责。第三，道德判断均为事后解释，这自然会让人产生理性归因，从而看上去像理性模型。第四，很多研究都发现，道德情感而不是道德推理在很大程度上影响道德行为，而情感往往是直觉的，因此道德判断更像是一种直觉判断。

（三）道德补偿理论提出者的初衷

刚才提到，在道德判断的争论中，理性模型占了比较大的优势。道德补偿理论的提出者Zhong等人本来也是想通过实验来验证道德的理性模型，但是他们（Zhong，Ku，Lount，& Murnighan，2010）最初的实验却推翻了该理论假设，他们的研究结果表明，给组织管理者更多的时间考虑自己行为的道德性，更可能做出不道德的决策。

然后Zhong等人针对最初结果进一步分析了各种理论上的可能性，并设计了新实验来验证自己的理论设想。新的研究结果显示，组织管理者是否做出更加道德的决策，要取决于管理者先前行为的道德性，如果管理者先前做了不道德的行为，那么在随后的行为中，会做出更加道德的行为；相反，如果管理者先前做了道德的行为，那么在随后的行为中，则会做出更加不道德的行为。这就形成一种在道德行为和不道德行为之间反复循环的模式，Zhong 等人将其称为“道德补偿模型”（Compensatory Ethics Model）。

二、道德补偿理论的主要内容

道德补偿理论从动态的角度来研究人们的道德决策行为。基本观点是：人们都是比较短视的，其先前的行为会影响其后续的行为。当人们先前做了不道德的行为后，就会在后续的行为中做出更加道德的行为。相反，当人们先前做了道德的行为后，就会在后续的行为中做出更加不道德的行为。道德补偿理论的模型见图 7－1，我们从左至右对该图的含义具体阐述如下：

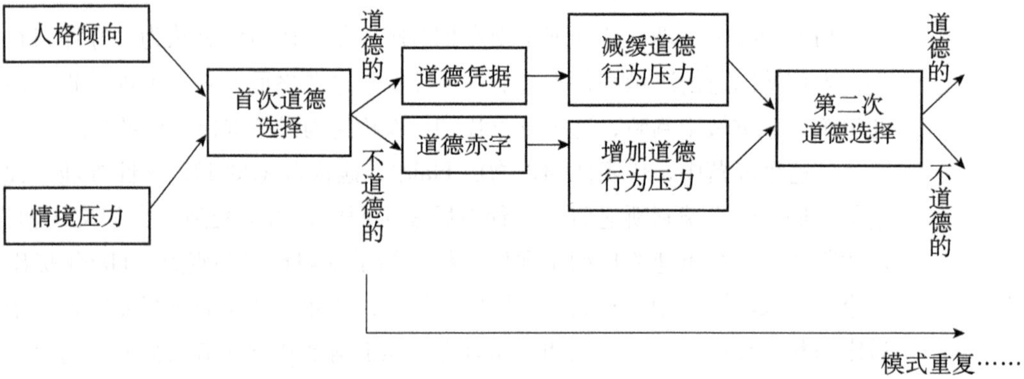

图 7－1 道德补偿理论模型

第一，人格倾向与情境压力会共同作用于行为主体，影响他第一次做出与道德有关的选择。

第二，一旦个体做出了第一次选择后，这种选择就会影响个体后续的行为，具体可以分为两种情况。(1) 如果个体第一次做出了更加道德的选择，那么个体就会认为自己建立了较高的道德凭据（moral credentials)，也就具有了高尚的道德形象。这时，个体需要通过道德行为来维护自己道德形象的压力就会减少，在后续行为中就会做出更加自利或不道德的行为，这种情况称为道德许可（moral licensing)。(2) 相反，当个体第一次做出了不道德的选择后，个体就会感觉自己的道德形象受损，产生了道德赤字，个体需要通过道德行为来提高自己道德形象的压力就会增大，为了弥补自己的道德赤字，个体在后续行为中就会做出更加道德的行为，直到道德形象达到一个令自己满意的状态，这种情况称为道德补偿（moral compensatory)[①]。如 Zhong 和 Liljenquist (2006)

① 其他文献将此过程称为道德洁净（moral cleansing)。

的研究表明当个体做出了欺骗等不道德行为后，总是会去洗手或洗澡，从而达到心理上的洁净。紧接着，当个体建立了“足够”的道德名誉后，个体就会开始“消费”它们，进入道德许可阶段。这样，道德许可和道德清洗联合起来形成一种动态的平衡模型，就是道德补偿模型。

第三，Zhong 等人（2010）还指出了道德补偿理论的边界条件，即个体的道德成熟度。道德成熟度指个体在多大程度上将道德置于自我认同（self-identity）的核心。如果个体的道德成熟度较高（即高度重视自己的道德形象，如圣人），即使先前做出了高尚的道德行为，由于个体具有较高的道德标准，后续行为中也不会做出自利或不道德的行为。相反，如果个体的道德成熟度较低（即非常不重视自己的道德形象，如彻头彻尾的“小人”），即使先前做出了不道德的行为，由于个体对道德的认同度较低，在后续行为中也不会做出更加道德的行为。不过，在现实中，圣人和彻头彻尾的“小人”毕竟都是少数，我们大多数人都处在这两者之间，既会追求道德名誉，也会追求自利，尽量在两者之间寻求一种平衡，这也是道德补偿理论能够具有解释力的一个基本背景。

三、道德补偿理论在论文写作中的应用

（一）“坏”员工变成“好”员工

朱金强和徐世勇（2015）研究了员工的反生产力工作行为（counterproductive work behavior，CWB）与亲社会违规行为（pro-social rule breaking，PSRB）之间的关系，并考察了相对主义和理想主义道德意识的调节作用。具体的模型见图 7－2。在这篇文章中，研究者使用道德补偿理论来解释员工的反生产力工作行为与亲社会违规行为之间的关系，以及相对主义和理想主义道德意识对两者的调节作用。具体阐述如下：

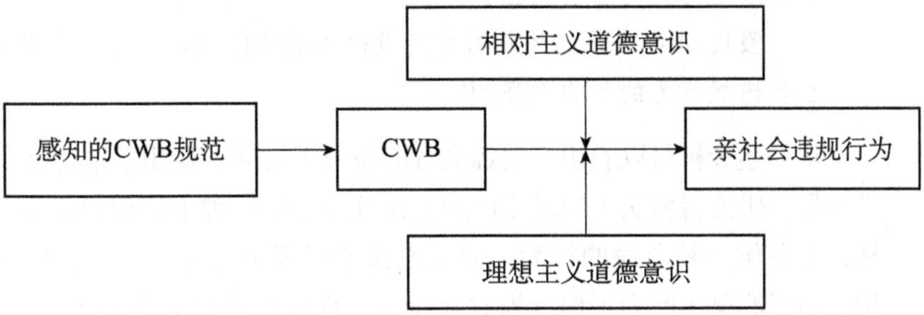

图 7－2　反生产力工作行为对亲社会违规行为的影响模型

> 从道德的角度来看……亲社会违规行为是一种利他的高尚的道德行为（Batson et al.，1989；Klotz & Bolino，2013；Vardaman et al.，2014）。类似地，反生产力工作行为是一种损人的不道德行为（Klotz & Bolino，2013）。

> 道德补偿理论认为，人们的道德行为会受到其先前道德行为的影响，当人们做出不道德行为后……人们倾向于在后续的行为中选择更加道德的行为以补偿自己的道德信誉，直到自己的道德信誉达到一个令自己满意的水平（Zhong et al.，2010）……
>
> ……员工做出反生产力工作行为后（如偷窃、消极怠工等），会感觉自己的道德水平下降了，为了补偿自己的道德水平，员工很有可能做出一些利他的道德行为，如亲社会违规行为。……因此，本文提出如下假设：
>
> 假设 2：员工的反生产力工作行为正向影响其亲社会违规行为。
>
> 道德补偿理论认为，人们道德行为的选择要受到其道德水平的影响。如果个体的道德水平本身就较低，即使做出了不道德的行为，在后续的行为中选择道德行为以补偿道德信誉损失的可能性较小；相反，当个体的道德水平本身较高时，一旦个体做出了不道德的行为，就会产生强烈的挽回道德信誉的动机，更有可能做出道德行为（Zhong et al.，2010）。
>
> …………
>
> 具有高理想主义道德意识的员工一旦做出了损害他人利益的反生产力工作行为，就会产生强烈的内疚感，更想挽回自己的道德信誉，更有可能做出亲社会违规行为。
>
> 类似地，具有较高相对主义道德意识的员工，认为违反道德准则是可以接受的，即使做出了违反组织规定的反生产力工作行为，他也不会产生强烈的内疚感，在后续的行为中做出亲社会违规行为的可能性较小；……因此，本文提出如下假设：
>
> 假设 3：道德意识调节了反生产力工作行为与亲社会违规行为之间的关系。
>
> 假设 3a：当员工的理想主义道德意识较高时，反生产力工作行为对亲社会违规行为的影响更强。
>
> 假设 3b：当员工的相对主义道德意识较低时，反生产力工作行为对亲社会违规行为的影响更强。①

从上述分析可以看出，这篇文章的研究者实际上使用了道德补偿理论的边界条件。研究者将员工的反生产力工作行为看作一种不道德的行为，亲社会违规行为看作一种道德的行为。使用道德补偿理论提出，由于补偿（洁净）作用，员工的反生产力工作行为对亲社会违规行为具有显著的正向影响。此外，研究者依据道德补偿理论提出，道德补偿理论边界条件的存在，使得相对主义和理想主义道德意识调节了反生产力工作行为与亲社会违规行为关系的强弱，即道德意识是二者之间的调节变量。

---

① 朱金强，徐世勇，2015．反生产力工作行为与亲社会违规行为：基于道德补偿理论的视角．经济管理，(10)：75-85.

(二)"好"领导变成"坏"领导

Lin、Ma和Johnson(2016)研究了道德领导与辱虐领导之间的关系,并进一步探究了自我损耗、道德得分(moral credits)和道德凭据的中介作用。道德得分指正面的道德形象,道德凭据指具有了道德上的许可权,具体模型见图7-3。在这篇文章中,研究者使用道德补偿理论中的道德许可来解释道德得分和道德凭据的中介作用,具体阐述如下:

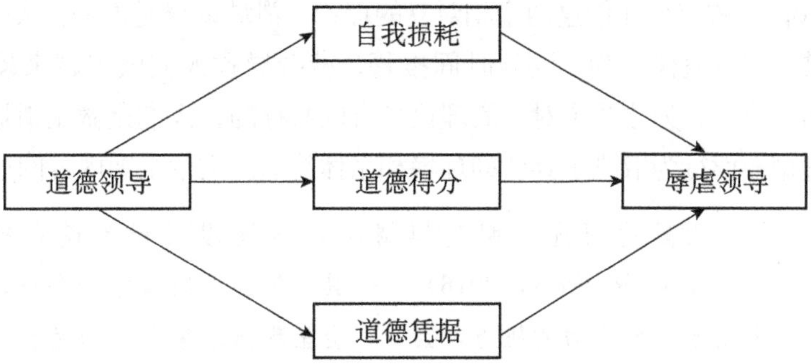

图7-3　道德领导与辱虐领导的关系

> 根据道德许可理论,做出道德行为或社会赞许行为可以使人们在后续行为中做出不道德的行为。……第一,做出道德行为可以使人们获得道德得分,当人们有过多的道德得分后,就会用过剩的道德得分来"购买"从事偏离道德行为的权力。……第二,做出道德行为可以使人们获得道德凭据,拥有较高的道德自尊。人们目前的道德自尊是后续行为的情景因素。当个体具有较高的道德自尊时,个体就会认为在后续行为中做出偏差行为或不道德行为是合理的。……
>
> 我们认为做出道德领导行为可以使领导者在后续行为中做出辱虐行为,因为做出道德领导行为使道德领导者们获得了道德得分或道德凭据,使他们能够"买得起"或公正辱虐行为。道德领导行为本身就与道德密切相关,会提高领导者的道德得分或道德凭据,而过多的道德得分和良好的道德凭据使领导者认为可以做出偏差行为。对于领导者来说,最有可能的偏差行为就是对下属的辱虐行为……
>
> 基于以上分析,作者提出如下假设:道德领导行为通过道德得分和道德凭据增强辱虐行为。①

从上述分析可以看出,这篇文章的研究者主要使用了道德补偿理论的道德许可来解释道德领导行为与辱虐行为之间的关系以及道德得分与道德凭据的中

① Lin, S.J., Ma, J., Johnson, R.E., 2016. When ethical leader behavior breaks bad: How ethical leader behavior can turn abusive via ego depletion and moral licensing. Journal of applied psychology, 101 (6): 815-830.

介作用。这篇文章的贡献，在于：首先，从管理者的视角检验道德补偿理论，而以往的研究主要从员工的视角来检验道德补偿理论。其次，这篇文章实证检验了道德得分与道德凭据的中介作用，揭示了道德补偿理论发生的内在机制。

（三）进行理论对比

Reckers 和 Samuelson（2016）在会计领域实证检验了滑坡谬误（slippery slope）和道德补偿这两个相对立的理论。滑坡谬误是说一旦人们做出了一个非常小的不道德行为，随着时间推移，就会导致人们做出越来越大的不道德行为。他们认为这两个对立的理论是可以共存的，人们是做出滑坡谬误行为还是道德补偿行为取决于具体的环境和个体特质。文章主要内容阐述如下：

> 大量的研究表明恐惧情绪与滑坡谬误行为模式有关（Johnson，Lowe，& Reckers，2016）……具有较高恐惧情绪的个体，更不可能抵制做出不道德行为的压力，因此，会呈现出滑坡谬误行为模式。笔者提出如下假设：具有较高恐惧情绪的个体呈现出滑坡谬误行为模式，而具有较低恐惧情绪的个体呈现出道德补偿行为模式。
>
> …………
>
> 研究表明内控型的个体更少地做出不道德行为，并对自己的决策更加负责，而相反外控型的个体更有可能做出不道德行为，并把自己的不道德行为归为机会等外部不可控因素。因此，笔者提出如下假设：外控型的个体会呈现滑坡谬误行为模式，而内控型的个体呈现出道德补偿行为模式。
>
> 道德推脱指通过公正不道德行为为道德行为来减少内疚感……研究表明，道德推脱越高，越容易做出不道德行为……因此，笔者提出如下假设：道德推脱较高的个体会呈现滑坡谬误行为模式，而道德推脱较低的个体呈现出道德补偿行为模式。
>
> 自恋包含管理他人对自己的印象这层含义。希望获得他人的肯定……高自恋的人通常会做出能维护自己在他人眼中的形象的行为……高自恋的人希望别人感知到自己对组织的重要价值……因此，笔者提出如下假设：自恋水平较低的个体会呈现滑坡谬误行为模式，而自恋水平较高的个体呈现出道德补偿行为模式。①

从上述分析可以看出，这篇文章并没有否定哪个理论，而是找到了每个理论的适用条件，进一步丰富了两个理论。

---

① Reckers，P.，Samuelson，M.，2016. Toward resolving the debate surrounding slippery slope versus licensing behavior：The importance of individual differences in accounting ethical decision making. Advances in accounting，34：1-16.

(四) 拓展道德补偿理论——探究中介机制和边界条件

Ding 等人 (2016) 探究了内疚在先前的不道德行为与随后的利他行为之间的中介作用，并进一步检验了道德认同的调节作用。具体模型见图 7－4。Ding 等人的研究丰富了道德补偿理论，使人们对道德补偿模型的中介机制和边界条件有了进一步的认识。文章主要内容具体阐述如下：

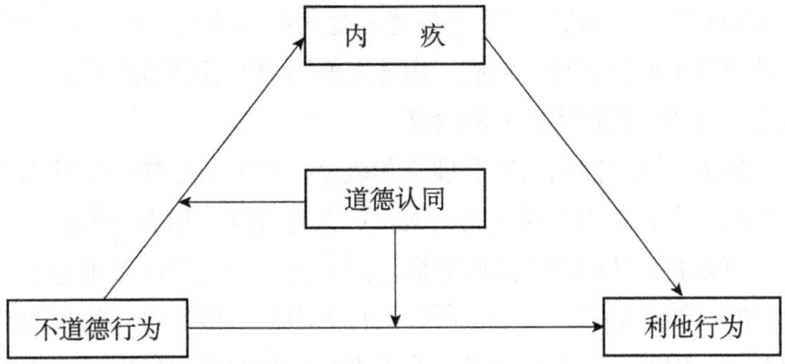

图 7－4　不道德行为与利他行为的关系

> 大量研究表明内疚是道德失衡的重要结果变量，是指道德失衡造成的心理上的紧张状态 (Tangney，1988；Zhong & Liljenquist，2006) ……内疚能使个体产生调整道德失衡的压力，道德洁净是降低这样压力的有效途径。当个体感到内疚后，道德洁净的压力就会增加。
>
> 因此，笔者提出如下的假设：内疚中介了先前的不道德行为与随后的利他行为之间的关系。
>
> 有些人会因忘记付钱就拿走了报纸，产生较强的内疚感。然后，有些人即使做了更坏的事情（如偷了成千上万的钱），也不会产生多大的内疚感。这表明人们对先前不道德行为的反应存在个体差异……道德认同指人们想要成为道德的人，把道德作为自我概念的重要程度……如果个体的道德认同度较高，对道德失衡更敏感，(当做出不道德行为后)，更容易产生心理压力，进而促进个体做出利他行为以减轻心理压力。
>
> 因此，笔者提出如下假设：道德认同调节了不道德行为与利他行为之间的关系以及内疚的中介作用。[①]

这篇文章的主要贡献在于：为道德补偿理论提供了实证支持；更重要的是，拓展了道德补偿理论，提出并实证检验了道德补偿理论的中介机制和边界条件，将人们对道德补偿理论的关注点由直接效应转向中介和调节效应。

---

① Ding，W.，Xie，R.，Sun，B. et al.，2016. Why does the "sinner" act prosocially? The mediating role of guilt and the moderating role of moral identity in motivating moral cleansing. Frontiers in psychology，7 (11)：1－8.

四、对道德补偿理论的评价与反思

道德补偿理论提出之时，该领域已经存在了很多有价值的概念与理论。道德补偿理论的提出，在某种程度上整合了这些概念与理论，比如，道德平衡理论（Moral Balance Theory）、道德凭据假说（Moral Credential Hypothesis）、道德许可理论（Moral Licensing Theory）、道德洁净，以及道德认同（moral identity）等。"补偿"实际上描述的是人在道德上"好"与"坏"的变化关系，这就包含了道德洁净（对应"由坏变好"）和道德凭据（对应"由好变坏"，道德许可与道德凭据类似）的含义。

其实，以上提到的所有理论和概念，都承认这样一个基本假设，人们身上存在两种古老的相互对立的因素——自利价值观和道德价值观，人们会同时追求这两方面，并期望在这两方面达到平衡。当人们过多地追求自利，而损害了自己的道德形象后，就会在后续的行为中通过牺牲自己的利益来增强自己的道德形象。相反，当人们过多地追求维护高尚的道德形象，而损害了自己的利益后，人们在后续的行为中就会做出更加自利的行为（Batson，Kobrynowicz，Dinnerstein，Kampf，& Wilson，1997）。

但需要指出的是，如前文所述的原因，以上概念和理论基本都建立在道德判断的理性观点之上，而道德补偿理论则与其存在不同。例如，道德平衡理论认为，个体为了维护道德形象的平衡，会不断计算道德形象的得失，当做了一些有道德的事情之后，他们会做出一些不道德的行为，反之亦然。表面上看，这与道德补偿理论并无不同。实际上，关键点在"计算"，这显然是道德判断理性模型的逻辑。而道德补偿理论则强调在推断时的短视性和即时性，这更像是直觉主义的观点。

道德与伦理是最近组织行为领域比较热门的话题，当我们的论文中涉及环境与个体特征对道德行为的影响、前期道德行为对后期道德行为的影响，以及道德自我认同对道德行为和道德判断的影响时，可以考虑以道德补偿理论为依据。

当然，道德补偿理论也存在一些需要完善的地方。第一，道德补偿模型仅提出了人格倾向和环境压力一起影响个体的第一次道德选择和判断，但没有给出详细的解释。我们相信这两个因素不仅影响第一次道德选择与判断，也会影响此后每一次的道德选择与决策。第二，道德补偿模型仅描述了个体在"好""坏"之间的转换过程，但并没有详细解释转换的内在机制，而仅提出是一种快速、直觉性的自动化转化。未来研究可以将情绪等因素纳入模型中，以补充完善转换的中介机制。第三，道德补偿模型仅提出道德成熟度会影响"好""坏"之间转化的强弱关系，我们相信除此之外，还会存在其他一些变量可以作为二者的边界条件。

主要参考文献

[1] Batson, C. D., Kobrynowicz, D., Dinnerstein, J. L. et al., 1997. In a very different voice: Unmasking moral hypocrisy. Journal of personality and social psychology, 72 (6): 1335-1348.

[2] Ding, W., Xie, R., Sun, B. et al., 2016. Why does the "sinner" act prosocially? The mediating role of guilt and the moderating role of moral identity in motivating moral cleansing. Frontiers in psychology, 7 (11): 1-8.

[3] Ferrell, O. C., Gresham, L. G., Fraedrich, J., 1989. A synthesis of ethical decision models for marketing. Journal of macromarketing, 9 (2): 55-64.

[4] Haidt, J., 2001. The emotional dog and its rational tail: A social intuitionist approach to moral judgment. Psychological review, 108 (4): 814-834.

[5] Johnson, E. N., Lowe, D. J., Reckers, P. M., 2016. The influence of mood on subordinates' ability to resist coercive pressure in public accounting. Contemporary accounting research, 33 (1): 261-287.

[6] Jones, T. M., 1991. Ethical decision making by individuals in organizations: An issue-contingent model. Academy of management review, 16 (2): 366-395.

[7] Lin, S. J., Ma, J., Johnson, R. E., 2016. When ethical leader behavior breaks bad: How ethical leader behavior can turn abusive via ego depletion and moral licensing. Journal of applied psychology, 101 (6): 815-830.

[8] Monin, B., Miller, D. T., 2001. Moral credentials and the expression of prejudice. Journal of personality and social psychology, 81 (1): 33-43.

[9] Reckers, P., Samuelson, M., 2016. Toward resolving the debate surrounding slippery slope versus licensing behavior: The importance of individual differences in accounting ethical decision making. Advances in accounting, 34: 1-16.

[10] Rest, J. R., 1986. Moral development: Advances in research and theory. Advances in solar energy technology, 33: 489-496.

[11] Zhong, C. B., Ku, G., Lount, R. B. et al., 2010. Compensatory ethics. Journal of business ethics, 92 (3), 323-339.

[12] Zhong, C. B., Liljenquist, K., 2016. Washing away your sins: Threatened morality and physical cleansing. Science, 313 (5792): 1451-1452.

[13] 朱金强，徐世勇，2015. 反生产力工作行为与亲社会违规行为：基于道德补偿理论的视角. 经济管理，(10)：75-85.

第 8 章 人力资源管理如何能够促进企业绩效——AMO 模型的回答

人才对于企业具有重要作用已经成为一个常识，企业在人力资源管理方面投入巨大，几乎每家大企业都请了专业的人、成立了专业部门来从事人力资源管理工作。可如果问你人力资源管理究竟是如何促进企业绩效的？恐怕就不是每个人都能够清楚地说出来了。

如果这个事情说不清楚，人力资源管理存在的合法性就会受到质疑，因此，这个问题涉及人力资源管理是否还有必要存在的问题，本章要介绍的能力—动机—机会（AMO）模型将从人力资源管理政策这个角度对该问题进行回答。

不过，我们马上可以看到，AMO 模型在人力资源管理政策层面的理论逻辑，实际上缘起于个体层面的研究。这些研究或许你已经耳熟能详，包括对态度、情感、特质、需求和环境因素的分析等等。我们之前介绍的几个理论，比如特质激发理论、情感事件理论、计划行为理论等等，也都在直接地或者“委婉”地预测个体的行为和绩效，我们在 AMO 模型中也可以找到这些理论所用的逻辑。

与 AMO 模型最有关系的是员工绩效影响因素的研究，我们的背景介绍就从这里开始。

一、 AMO 模型产生的背景

（一）独木难成林——个体层面实证研究的探索

为什么有的员工绩效高，而有的员工绩效低？哪些因素会影响员工的工作表现？工业与组织心理学领域的学者对这个问题的探讨至少有 70 多年的历史了。在研究过程中，学者们发现很多变量（包括工作满意度、工作态度、人格、动机、领导力、团队互动和组织设计等）都会对一个人的工作绩效有影响。但是不幸的是，研究者发现，每个单独变量对员工绩效的预测效果并不尽如人意。

比如，关于工作满意度与工作绩效的关系，到底是员工的心情好（即工作满意度高）导致他工作绩效提高呢？还是员工的工作绩效高导致其心情好呢？在这个问题上一直争论不休。再比如，很多研究都在探讨人格与工作绩效的关系，但从研究结果来看，并没有发现这两者之间存在显著的、一致性的关系

(McGrath & Altman，1966)。还有些学者试图证明激励对员工绩效的促进作用。尽管已经有一些研究确实发现了二者之间的关系，但这种关系只适用于某些个体或者某种环境（Miner，1980）。

从 20 世纪 40 年代开始，有很多研究就关心领导力与绩效之间的关系。学者们从特质、行为风格、技能、情境等不同角度提炼优秀领导者的特征，然而即使是权变领导的一些研究也不能很好地预测员工的绩效（Landy & Trumbo，1980)。除此之外，研究者还分析正式团体和非正式团体、同辈压力、角色规范、奖励、反馈、工作特征等因素对工作绩效的影响，但这些因素均不能对绩效做出令人信服的预测（Davis，1969)。

以上关于绩效前因变量的诸多研究，就像无边旷野中一棵棵疯长的树木，每棵看上去都枝繁叶茂，但因为彼此独立生长，难成森林，不挡风沙。

当然，也有学者从理论的角度来思考工作绩效与其前因变量之间的关系，理论上的思考有可能将工作绩效众多的影响因素纳入统一体系，从而将彼此独立的“树木”形成“森林”。Vroom 的期望理论就是一次有益的探索，尽管人们很快发现 Vroom 种植的是一片不算完整的森林。

（二）不完整的森林——期望理论对诸多影响员工绩效的前因变量的整合

Vroom 注意到，一方面，很多人事心理学家认为员工绩效是选拔、配置和培训的作用结果；而另一方面，社会心理学家则强调工作动机对绩效的影响。在此基础上，Vroom 于 1964 年在其著作《工作与动机》中提出了现在很多人所熟知的期望理论（Expectancy Theory)，该理论在目前员工行为激励领域流传甚广（罗宾斯、贾奇，2008)。

通过这个模型，Vroom 指出，动机（motivation）和能力（ability）是决定员工绩效的重要因素，绩效（performance）是能力和动机交互作用的函数，即：

$$\text{Performance} = f(A \times M)$$

该模型是较早解释绩效机制的理论模型，对理论界和实践界深有启发，许多学者在此基础上进行了验证性研究。然而，不久就有学者指出这个模型在解释绩效产生的原因时并不成功。首先，这个模型不能解释人力难以控制的环境因素。比如 Blumberg 和 Pringle（1982）在所从事的一个关于煤矿的项目中发现，当塌方事故发生之后，即使是最有能力、工作动机最强的矿主也要暂时停止生产。显然，人力之外的环境因素影响了煤矿的绩效，而期望理论所提出的能力和动机都不能囊括这些外部因素。

其次，Blumberg 和 Pringle（1982）认为，领导力、工作满意度和态度等已经验证过的因素也很难纳入期望理论的框架中对绩效产生的原因进行说明。Charles 等人（1986)、Becker 等人（1997）和 Wright 等人（1999）都指出，除了能力和动机之外，工作设计和组织结构所包含的参与机会同样对工作绩效有不可忽视的影响。这些后续的研究弥补了 Vroom 绩效模型中对于行为发生的环境保障性因素考虑不足的缺陷。

二、 AMO 模型的主要内容

(一) AMO 模型的前身——OCW 模型

在 20 世纪 70 年代中后期，Blumberg 与其同事在美国的一家地下煤矿开展了一个关于提升安全性和工作满意度对工作绩效影响的项目。在该煤矿进行了 13 个月的现场观察之后，他们提取出了一系列影响工作绩效的变量。经过分析比较，Blumberg（1982）与其同事将这些变量归为三个维度（见表 8-1 与图 8-1）。这三个维度分别是能容（capacity）、意愿（willingness）和机会（opportunity）。

表 8-1 工作绩效的维度

维度	变量
能容	能力、知识、技能、智力、年龄、健康水平、受教育水平、耐力、体力、能量水平、动作技能……
意愿	动机、工作满意度、工作状态、焦虑、参与的合法性、态度、任务特征、工作卷入、自我卷入、自我形象、个性、规范、价值、角色期望、公平感……
机会	工具、设备、材料、供应物资；工作条件；同事的行动；领导行为；工作指导；组织政策、规则和流程；信息；时间；报酬……

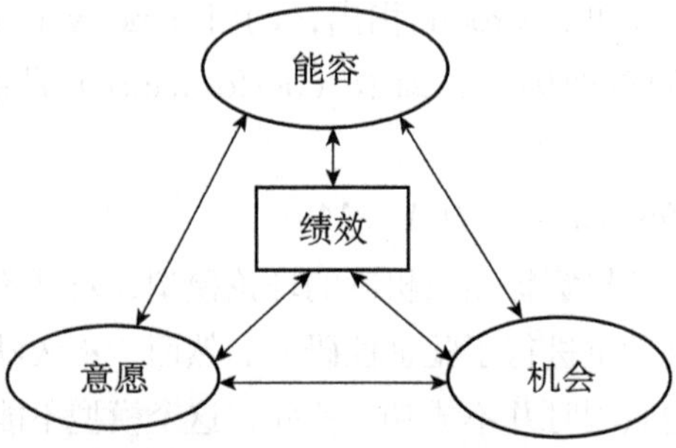

图 8-1 OCW 模型的基本构架

Blumberg 等人（1982）吸收了前人（Mace，1935；Viteles，1953）的观点，将能容定义为：个体能够有效执行某项任务的生理和认知能容。在 Blumberg 等人看来，能容的范畴要比能力（ability）更广泛，它表示个体的能力、知识、技能、智力、年龄、健康水平、受教育水平、耐力、体力、能量水平和动作技能等变量的效应。意愿包括影响个体倾向于执行某项任务的心理和情绪特征，除了动机之外，意愿还包括工作满意度、态度、规范、价值、工作卷入、自我形象和工作状态等类似变量对行为所产生的效应。

另外，Blumberg 等人在前人的基础上增加了机会这个维度。所谓机会是指环绕于个体与其任务的独特配置，这些配置超出了个体的直接控制，并且能够提升或者限制个体的任务绩效。用具体公式表示为：

$$\text{Performance} = f(O \times C \times W)$$

关于以上公式，有四点是需要注意的。第一，公式中的机会、能容和意愿具有互相影响的作用。所谓交互作用是指三个维度对于绩效的产生具有不同程度的价值，任何一个维度的价值降低都会影响绩效的整体水平，其中一个维度的价值为零时，绩效行为就不能发生。

第二，维度与具体变量是加和的关系，一个变量的无作用并不会影响维度的价值。公式中的维度是抽象的概念，而变量则是更加具体的观测指标。例如，在某种情况下能力可能对绩效不起作用，但这并不代表个体的能容对绩效没有作用，此时其他属于能容的变量比如体力、健康水平和年龄都会起作用。

第三，绩效也会影响其三个维度。比如，当一个员工持续从事做出绩效行为，其技术和能力（即能容）就会变化。再比如，高绩效也会导致员工的满意度提高（该变量属于意愿）。同样，一个员工的高绩效也会鼓励其他同事努力工作，从而增加整体绩效提升的机会（该变量属于机会）。

第四，以上模型是从个体层面解释绩效与其影响因素之间关系的，有的学者将这种思路用于人力资源管理政策，AMO 模型由此诞生。

(二) AMO 模型的基本思路与内容

OCW 模型在人力资源管理领域演变成 AMO 模型与高绩效工作系统的概念有关。

在人力资源领域，研究者发现，单独考察培训、招聘、绩效管理等模块，很难稳定地观测到这些单一的人力资源管理实践与组织绩效的关系。由此，人力资源管理实践的“系统观”开始受到广泛关注。依据人力管理的系统观，由一系列最佳人力资源管理实践组合而成的工作系统，而不是单一的人力资源管理模块，才有益于企业绩效的提升。这些最佳人力资源管理实践的组合即为高绩效工作系统（Koch & McGrath，1996）。

与 Blumberg 等人（1982）的思路类似，Appelbaum 等人（2000）指出，各种人力资源管理（HRM）实践或系统大致可被区分为三个方面：增强员工需要具备的专业技能与知识（high relative skill requirement）、可以发挥员工专长的工作结构（job designed to provide the opportunity to use those skill）、诱发员工能力的激励结构（incentive structure）。Boxall 与 Purcell 于 2003 年较为明确地提出了基于高绩效工作系统的 AMO 模型，即：

$$P(\text{绩效}) = f\{A(\text{员工的能力}) \times M(\text{员工的动机}) \\ \times O(\text{参与和贡献的机会})\}$$

这个公式说明，所谓高绩效工作系统是指那些能够提高员工履职的能力(ability)、动机（motivation）和机会（opportunity）的实践政策，这些政策可以通过影响员工行为和绩效来影响组织的绩效。

AMO 模型从绩效影响要素的角度定义了 HRM 实践的多维结构，揭示了 HRM 实践影响组织绩效的作用机制。该模型获得了较多学者认同和实证结果的验证支持。Boselie、Dietz 和 Boon（2006）分析了 1995—2003 年间国际主流期刊发表的 104 篇 HRM 实践与组织绩效关系的实证文章，发现其中有 42 篇使用了 AMO 模型的思想，这反映了 AMO 模型的影响力。

需要说明的是，Boxall 与 Purcell 并不认为 AMO 模型在思想上有什么创新，而是认为该模型也只是之前很多研究的老调重弹。他们提出模型时就发现，其实 AMO 的思想早就出现了，只是有的研究者侧重 A，有的研究者侧重 M 或者 O。AMO 模型只是将这些研究整合在一起，他们认为，尽管这个模型并没有新思想，但这个模型比较简洁，也具有很强的整体性，因此也有一定的价值。

后续研究者大多将 HRM 实践的结构区分为能力发展要素、动机激发要素和参与机会要素三个维度，彭娟（2013）对其进行了总结（见表 8-2）。

表 8-2　HRM 实践的结构维度

学者	能力提升要素（A）	动机激发要素（M）	参与机会要素（O）
Appeubaum et al.（2000）	正式培训、非正式培训、年资、教育背景	雇佣保障、晋升机会、薪酬、帮助平衡工作家庭关系、基于绩效的薪酬	参与决策、员工自治、自我管理团队、沟通机制
刘善仕，周巧笑（2004）	严格招聘、人员培训和开发	基于贡献的组织分配方式、职业发展、职业安全和稳定	工作流程改善、团队工作、建立沟通和信息共享机制、弹性工作设计
Liu et al.（2007）	招聘、培训和薪资水平	绩效、激励性薪酬、内部提升	员工参与计划、申诉程序、雇佣保障和工作灵活性
Subramony（2009）	工作描述、结构化的招聘选拔程序和技能培训	绩效考核、员工激励计划、基于绩效的薪酬、轮岗和晋升机会、员工福利	员工参与决策、工作丰富化、自我管理团队、鼓励员工反馈的系统
Kehoe，Wright（2010）	正式的甄选测试、结构化面试、职位候选人的特质	基于个体或团队绩效的奖励、正式的绩效评价机制、能力为基础的晋升系统	正式参与程序、员工建议、公平的抱怨程序、员工自治
Gardner，Wright，Moynihan（2011）	结构化面试、正式测试、正式培训、基于绩效评价结果的培训、带薪学习	正式的绩效评价、绩效工资、晋升机会、个人奖金、团队奖金、公司范围的奖金（company-wide bonus）	抱怨程序、正式的参与程序、跨部门沟通、沟通公司目标信息、沟通运作绩效信息、沟通财务绩效信息、沟通竞争绩效信息

续表

学者	能力提升要素（A）	动机激发要素（M）	参与机会要素（O）
Gant，Ichniowski，Shaw（2002）	甄选、培训	激励薪酬	工作设计、任务解决团队、雇员—管理层沟通
Collins，Clark（2003）	培训发展人际关系的技能	与组织绩效挂钩的薪酬、多重激励、因发展工作相关人际关系而获得奖励、视与内/外利益相关者的关系为考核指标	监督
Evans，Davis（2005）	招募（与工作所需的知识、技能和能力相匹配）、正式培训	绩效薪酬、团队薪酬、高于市场薪酬	自我管理团队、决策权力下放、灵活工作安排、便利的横向和纵向沟通
Gittel et al.（2007）	根据跨职能工作要求来确定甄选标准	团队/个体绩效为基础的薪酬政策、反映型/积极型绩效评价	正式的争端解决系统、团队沟通、参与
Kase，Paauwe，Zupan（2009）	与工作领域内（外）同事一起参加培训、培训如何建立和保持人际关系、技能培训、工作轮换、新员工轮岗制度	有意义的工作、薪酬与绩效挂钩、与团队相关的绩效评价、多重职业通道、为学习和成长提供机会	较窄的工作定义（反向）、团队工作、自治权、灵活工作安排

从以上的分析可以看出，AMO模型是从管理制度层面对高绩效工作系统所进行的一种总结。可以这样简单地理解：OCW模型指出哪些因素可以影响员工的绩效，AMO模型则告诉我们哪些人力资源管理政策可以加强和改善影响员工绩效的因素。换而言之，AMO模型认为，那些提高了员工能力、激发了员工动力并且为员工创造了良好工作条件的人力资源实践才是高绩效的工作系统（high performance work systems，HPWS）。

三、 AMO模型在论文写作中的应用

(一) AMO模型对于外派员工工作绩效的影响因素的预测

Chang、Gong和Peng（2012）等人依据AMO模型提出，外派人员知识迁移能力、动机和机会寻找三个因子会通过子公司所吸收到的知识对子公司的绩效产生影响。在此过程中，子公司的吸收能力会调节以上变量的关系（见图8-2）。与AMO模型相关的假设推导过程如下：

> AMO框架认为，能力、动机和机会是成功任务绩效的构件（Blumberg & Pringle，1982；Boxall & Purcell，2003；Campbell，McCloy，Oppler，& Sager，1993）。能力是指完成某项任务所需的知识、技能和经验。动机是指努力获得获取某种绩效的意愿（或者是倾向程度）。机会是指在某一工作场所，完成任务绩效所需的资源（Blumberg & Pringle，1982）……

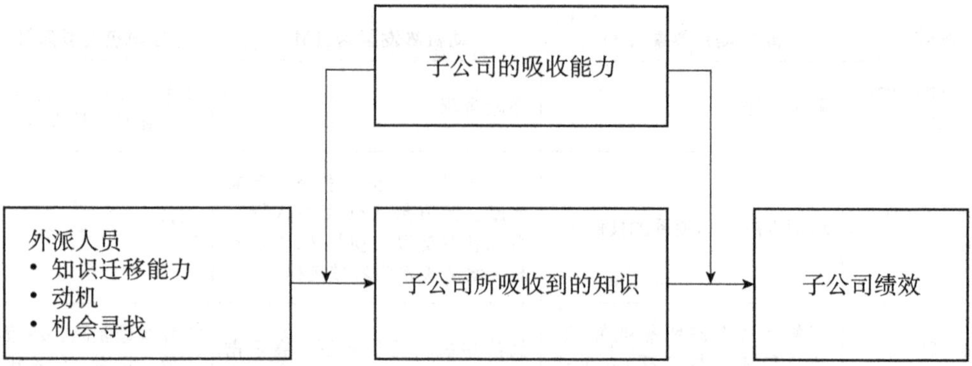

图8-2 外派人员竞争力对于子公司绩效的影响机制

在本研究中，具体的任务是指向子公司传递知识的活动。关于外派人员知识传递的观点认为，外派者是向子公司传递知识的手段（Bonache & Brewster，2000；Edström & Galbraith，1977；Harzing，2001；Hocking et al.，2004）。外派人员作为代理向子公司传递公司文化，影响子公司员工对公司总部的感知与态度（Kostova & Roth，2002；Peng，2011）。

…………

很多人认为，跨国公司经常会经历被称为公司内部知识传递困难的"黏性"（Szulanski，1996）。外派人员作为知识的来源，是内部黏性的潜在原因。这是因为知识的隐性特征造成了知识传递困难（Kogut & Zander，1993；Simonin，1999）。……隐性知识深深植根于行为和个体所处的情境中（比如一个具体单位所使用的特殊技能和行为）（Nonaka & Takeuchi，1995）。隐性知识很难清晰地表达出来，它的传递需要广泛的接触和集中精力。不同的语言和文化也会阻碍这种传递。因此，除非外派人员具有相应的能力、动机和机会，否则隐性知识不太容易传递（Argote et al.，2003；Szulanski，1996）。

应用能力—动机—机会框架，我们提出外派人员胜任力的三个维度——能力、动机和机会寻找——可以帮助克服知识传递中的内部黏性问题。

…………

知识传递的过程包括知识的传播（在本研究中由外派人员实施）和接收（Crant，1996）。知识传递成功的一个指标是子公司从外派人员那里接收知识的数量，该数量受到外派人员传递知识的胜任力的影响。总体而言，我们认为外派人员胜任力的三个维度将会提升子公司的知识接受量，知识接受量将会改善子公司的绩效。

…………

考虑到跨国公司所处的环境以及它们众多的子公司，在新文化背景下的管理和行事能力对于知识传递的过程非常重要（Earley & Ang，2003；Peng，2011）。这些能力包括沟通和冲突解决等人际技能（Zoogah &

Peng，2011)。……当外派者具有在知识传递中解决困难的能力后，子公司从外派人员那里接收到的知识会增多 (Peng，2011)。

动机被认为是影响外派效率的重要因素 (Chen，Kirkman，Kim，Farh，& Tangirala，2010；Earley & Ang，2003)。努力在知识传递中解决困难的外派动机在成功的知识传递中扮演重要角色。……特别是对隐性知识进行传递的困难会打击知识传递的动机。…… 而且，隐性知识一般会需要多年的工作经验才能构建起来，会使外派者在跨国公司中具有某种优势 (即特权和优越感等)。一些外派者会担心由于知识传递而丧失这种特权 (Szulan-ski，1996；Wong & Law，1999)。在现实中，报酬系统可能不能提供足够的激励使得这些外派者分享他们的知识 (Fey & Furu，2008)。总之，我们预期具有较强动机的外派者将运用他们的技能解决知识传递中的困难，从而使得子公司获取更多的知识。

最后，外派人员通过社会关系对资源和机会的利用在很大程度上影响了知识的成功传递 (Argote et al.，2003；Nahapiet & Ghoshal，1998；Tsai，2001)。当资源发出者和接受者之间建立社会关系进行问题解决时，知识传递就会成功 (Dhanaraj，Lyles，Steensma，& Tihanyi，2004；Reagans & McEvily，2003)。……特别是隐性知识的传递，需要广泛的交互作用 (Damanpour，Devece，Chen，& Pothukuchi，2012；Noorderhaven & Harzing，2009；Su，Li，Yang，& Li，2011)，其成功取决于发出者和接受者之间的社会关系。……当外派者通过社会关系寻找与利用资源和机会来解决知识传递的困难时，他们就可能增加子公司的知识接受量。

…………

子公司可以通过从母公司获得的内部知识来提升他们的知识量。这种内部知识经常是隐性的，需要通过外派员工和当地员工的广泛交往才能够顺利传递，因此很难扩散到竞争对手那里。……因此会提高子公司的绩效。例如，修复技术提升了设备和设施的生产力，因此会增强投资的回报。公司文化传递给子公司也会增强子公司和总部的协调性，从而会提升子公司的绩效 (Gong，2003b)。因此，我们提出如下假设：

假设1a：外派人员向子公司传递知识的能力 (即传递过程中解决困难的能力) 通过子公司的知识获取间接地对子公司的绩效产生正向影响。

假设1b：外派人员向子公司传递知识的动机 (即传递过程中解决困难的动机) 通过子公司的知识获取间接地对子公司的绩效产生正向影响。

假设1c：外派人员向子公司传递知识的机会寻找 (即通过社会关系寻找和利用资源和机会以解决传递过程中的困难) 通过子公司的知识获取间接地对子公司的绩效产生正向影响。①

---

① Chang，Y.，Gong，Y.，Peng，M. W.，2012. Expatriate knowledge transfer，subsidiary absorptive capacity，and performance. Academy of management journal，55 (4)：927 - 948.

论文分析了外派员工的能力、动机和机会三个维度对于其知识传递的影响和组织绩效的影响。其中知识传递的效果是外派员工个体绩效，是三个维度的直接结果，而组织绩效是知识传递的结果。因此，知识传递效果是中介变量。

可以说，上文比较清晰地运用了 AMO 模型。但需要指出的是，该论文名义上采用的是 AMO 模型，实际上分析的是个体层面的变量，因此采用 OCW 的框架来解释应该更加贴切一些。因为 AMO 模型回答的是组织层面的问题，即人力资源管理的不同制度与实践（而非员工自身的行为）对组织绩效的影响。

（二）利用 AMO 模型分析人力资源实践对员工表现及组织绩效的影响

Jiang、Lepak 和 Hu 等人（2012）以 AMO 模型为基础研究框架，通过元分析的方法考察了包含技能提升、动机提升和机会提升三维度的人力资源管理实践对近端组织产出（如人力资本、员工动机）和远端组织产出（如自愿离职、经营性产出和财务产出等）的影响（见图 8－3）。其中，技能提升导向的 HRM 实践包括招聘、甄选和培训。动机提升导向的 HRM 实践包括绩效评价、薪酬、激励、福利、职业发展和工作保障。机会提升导向的 HRM 实践包括工作设计、工作团队、员工卷入、正式的抱怨与申诉程序和信息共享。与 AMO 模型相关的假设推导过程如下：

> 采用不同的范式，一些研究者以人力资源的能力—动机—机会模型为基础，提出员工的绩效是三个基本要素的功能函数：做出绩效的能力、动机和机会。按照这种逻辑，旨在最大化员工绩效的人力资源系统可以被看作分别提升员工技能、动机和机会的三个人力资源亚系统（维度）的组合（Appelbaum，Bailey，Berg，& Kalleberg，2000；Bailey，1993；Boxall & Purcell，2008；Delery & Shaw，2001；Gerhart，2007；Katz，Kochan，& Weber，1985；Lepak et al.，2006）。……
>
> 依据以上研究，Lepak 和他的同事们（2006）认为将人力资源实践置于三个基本维度（即技能提升的人力资源实践、动机提升的人力资源实践和机会提升的人力资源实践）的想法非常有价值。……
>
> 依据人力资源管理的能力—动机—机会模型，人力资源的产出可以分为人力资本、员工动机和机会的贡献（Becker & Huselid，1998；Delery & Shaw，2001；Guest，1997）。人力资本和员工动机是之前研究得较多的重要的中介因素（e.g.，Gardner et al.，2011；Gong et al.，2009；Liao et al.，2009；Sun et al.，2007；Takeuchi et al.，2007；Youndt & Snell，2004）。与之前的研究保持一致，我们集中讨论人力资本和员工动机的中介作用。之前的研究显示，人力资本可以被看作员工的知识、技能和能力的组合（Goff，2002），员工的动机是指员工努力的方向、强度和持续时间（Gampbell，McGloy，Oppler，& Sager，1993），表现为积极的工作态度（如工作满意度、承诺和感知到的组织支持）和工作行为（如组织公民行为）。

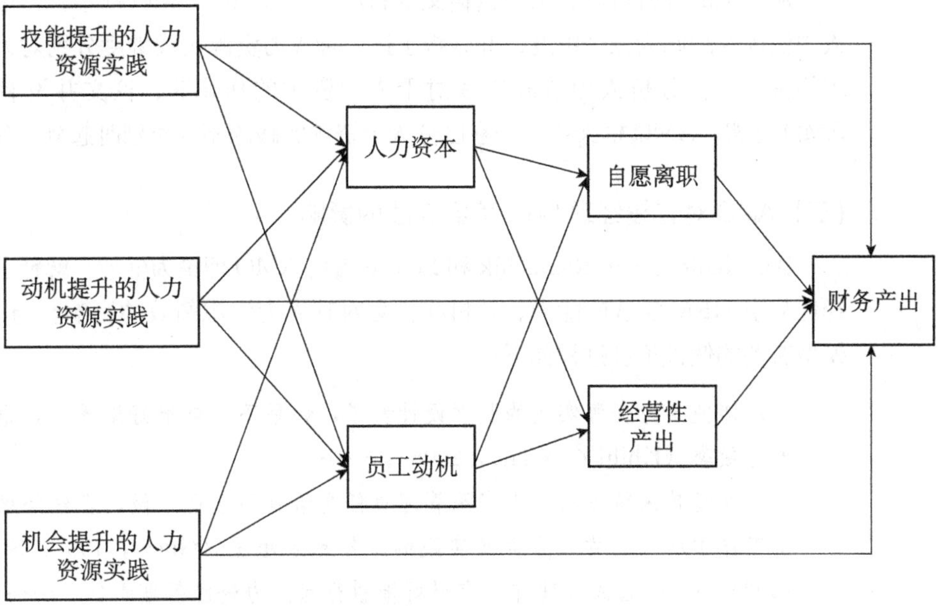

图 8-3　人力资源管理系统对组织绩效的影响

虽然我们预期人力资源的三个维度与人力资本和员工动机有正向关系，我们也预期人力资源的三个维度对于提升人力资本和增强员工动机的作用是不同的。我们预期，与动机增强和机会增强的人力资源实践相比，技能增强的人力资源实践对人力资本比员工动机具有更强的影响。

依据能力—动机—机会模型，技能提升的人力资源实践可以直接优化员工技能的水平和类型……实际上，Delaney 和 Huselid (1996) 指出组织可以通过雇用高质量的个体和提升现有员工的技能来增强其组织能力。……然而，另外两个人力资源维度与人力资本的关系并不很直接。研究显示，人力资源的这两个维度与人力资本的关系不如技能提升的维度强 (Cabello-Medina et al.，2011；Yang & Lin，2009)。因此，我们提出如下假设：

假设 1a：技能提升的人力资源实践与人力资本正相关。

假设 1b：动机提升的人力资源实践与人力资本正相关。

假设 1c：机会提升的人力资源实践与人力资本正相关。

假设 2a：技能提升的人力资源实践与人力资本的关系强于动机提升人力资源实践与人力资本的关系。

假设 2b：技能提升的人力资源实践与人力资本的关系强于机会提升人力资源实践与人力资本的关系。①

① Jiang，K. F.，Lepak，D. P.，Hu，J. et al.，2012. How does human resource management influence organizational outcomes? A meta-analytic investigation of mediating mechanisms. Academy of management journal，55 (6)：1264 - 1294.

从以上的分析可以看出，这篇文章利用人力资源的AMO框架，将诸多的人力资源实践归为三个维度，并分析了这三种人力资源实践维度分别对人力资本的影响。在分析人力资源实践对于人力资本的作用时，论文并没有依照AMO框架，AMO框架仅仅是在区分人力资源实践的不同类别时起到了作用。

（三）AMO对直线经理HRM落实实践的影响

Bos-Nehles、van Riemsdijk和Looise应用AMO理论为框架，解释了直线经理从事HRM实践的能力、动机和机会对其人力资源绩效的影响。与AMO模型有关的假设论证过程如下：

> 即使人力资源实践的制度设计好了，如果不能被很好地落实，也不能产生效率（Khilji & Wang，2006）。……
>
> 随着越来越多的人力资源管理责任交给直线经理来做，直线经理在日常工作中所担负的人力资源实践的工作越来越重（Guest，1997；Storey，1992）。…… 直线经理并没有很好地履行起人力资源管理责任。……
>
> 直线经理的任务绩效受到三个众所周知的因素的影响。当直线经理具备以下三个条件时可以做出更好的绩效：(1) 能够这么做（因为他们具备必要的技能和知识，所以可以做到）；(2) 具有这么做的动机（他们要这么做，或者他们的行为具有充足的回报）；(3) 他们的工作环境提供了这样的机会，即具有做出该行为的必要支持。……
>
> AMO理论（Appelbaum，Bailey，Berg，& Kalleberg，2000；Boxall & Purcell，2003）经常被用于HRM绩效的研究（Paauwe，2009）。……
>
> 在这篇文章中，我们对AMO理论的运用有所不同：我们并不关注人力资源实践对员工态度和行为的影响（Appelbaum et al.，2000；Becker，Huselid，Pickus，& Spratt，1997；Guest，1997），我们预期直线经理的能力、动机和机会能够预测他们的HRM绩效。因此，我们的研究问题是：能力、动机和机会以何种方式预测直线经理贯彻HRM的效率。……
>
> 在本研究中，我们的目的不是测量人力资源管理实践的绩效，而是直线经理贯彻HRM的绩效。因此，绩效在这里被定义为直线经理在工作场所落实HRM实践的效率，具体由员工对HRM落实的满意度来表示。
>
> …………
>
> 工作绩效理论认为能力、动机和机会影响行为（Cummings & Schwab，1973），但问题是如何影响的。经典的工作绩效理论假定能力、动机和机会是相互补充的（Blumberg & Pringle，1982；Vroom，1964）。按照这种观点，要完成某种任务，A、M和O必须至少都有不同程度的参与，任何一个维度在数值上的降低都会导致绩效的降低（Blumberg & Pringle，1982）。……以下函数反映了AMO模型的交互性的解释：$P=f(A\times M\times O)$。

按照Boxall和Purcell（2003）的观点，绩效与这三个维度是一个加法函数，$P=f(A+M+O)$。按照这种观点，每个前因变量都会对绩效有直接和独立的影响。通过这种加法效应（Delery，1998），任何一个因素的增加都会提升绩效水平（Lepak et al.，2006）。

…………

我们认为，AMO理论不应该是一个完全的加法效应或者是交互效应，而是两者的结合。动机和机会不会具有加法效应，这两个因素必须与能力结合才具有加法效应。因此我们认为AMO理论的公式应该是$P=f\{A(1+M+O)\}$。……

我们认为，能力是有效从事HRM任务的必需因素。如果一个人缺乏必要的技能和知识，他不可能有效地落实HRM的实践，无论他的动机有多强，为他提供的机会有多好。为此，我们提出如下假设：

假设1：直线经理落实HRM实践的能力越强，他在工作场所越能够落实这些实践。

…………

动机为直线经理执行HRM任务的意愿和愿望。一些直线经理很愿意承担HRM的责任，而很多直线经理却认为HRM责任是强加给他们的，因此不愿意承担（Harris et al.，2002）。动机可以通过个人诱因激发（Harris et al.，2002；McGovern，1999），或者通过制度诱因激发（McGovern，1999；Whittaker & Marchington，2003）。关于个人诱因，直线经理对这个话题的兴趣不大，仍然不太确信是否需要花很多时间用于HRM（Renwick，2003）。关于组织诱因，直线经理经常将HRM角色排除在其绩效目标之外，他们通常看重那些与销售和利润有关的内容，而非管理人的内容（McGovern et al.，1997）。……

按照MacDuffie的观点（1995），"激励那些没有技能和能力的员工对绩效没有影响"。

因此，我们第二个假设是：

假设2：落实HRM实践的动机会有效地调节直线经理能力与其HRM落实效果的关系。

…………

在HRM领域，机会可以理解为以下方面：第一，直线经理需要HRM专业人士更好的支持。第二，需要有充足的时间来落实HRM工作。第三，具有清晰定义的角色和分配，角色越清晰，政策和程序也就越清晰，越具有支持性。

…………

被提供了这些机会的直线经理在落实HRM实践时将更有效率。然而我们认为，仅仅拥有机会并不能保证实际的业绩，因为个体可能缺少必要的技能和知识做出这种绩效行为。因此，机会（或者是缺少机会）能够正向或者负向地影响能力与绩效的关系。由此推出以下假设：

假设 3：为落实 HRM 实践提供机会的多少会调节直线经理落实 HRM 能力与 HRM 落实效果的关系。[①]

从以上分析来看，这篇文章考察了直线经理个体因素的三个层面（能力、动机和机会）对其落实 HRM 效果的影响。这应该是一个典型的 OCW 模型的运用，而不是 AMO 模型的运用。另外，在这篇文章中，作者采用了混合关系，而非 OCW 中的交互作用关系来解释三个维度之间的关系，让人具有耳目一新之感。

四、对 AMO 模型的评价与反思

AMO 模型是回答高绩效工作系统如何保证组织绩效的一个思考框架，它的思想与逻辑并非作者的独创，而是作者对之前个体层面以及组织管理制度与政策层面实证与理论研究的总结。该模型从整体上简洁清晰地描述了高绩效工作系统的作用机理，因此具有很大价值。

AMO 模型的基本逻辑是，既然员工的能力、动机和机会能够影响其工作绩效，那么人力资源政策作为一种组织实践就可能会提升组织中全部成员（或者多数或者相当数量成员）的能力、动机和工作机会，该政策自然会提升组织的整体绩效。这个逻辑实际上具有类比成分，即将组织类比为个体（员工），这带来两个潜在的问题。第一，区群谬误。个体层面的研究结果是否一定适用于组织层面（Gerhart，2007），这是 AMO 模型需要面对的问题，本章第三部分介绍的第二个例子其实是在说明区群谬误对 AMO 模型没有影响。第二，AMO 模型对于机会的定义可能会导致混乱。机会本质上是一个环境变量，即外部支持条件。对于 OCW 模型来讲，机会是指组织为员工提供的工作环境，比如任务设计、同事配合等。对于 AMO 模型来讲，机会是指什么呢？按照类比逻辑的话，应该是指企业从外部环境中能够获得支持的可能性，比如市场环境、制度环境、文化环境等。然而，显然 AMO 所指的环境并非这些因素，而仅仅是指企业为员工所提供的工作条件（即仍然是岗位设计、工作流程、同事配合等），亦即企业的管理能力。因此，从这个角度来讲，AMO 中所谓的机会并非机会，仍然是能力。这个缺陷可能会降低 AMO 模型对于组织绩效的预测力。

在论文写作中，凡是涉及人力资源管理制度（政策）时，可以考虑参照 AMO 模型的框架。但在使用 AMO 模型时，需要小心区分其与 OCW 模型的

---

① Bos-Nehles，A. C.，van Riemsdijk，M. J.，Looise，J. K.，2013. Employee perceptions of line management performance：Applying the AMO theory to explain the effectiveness of line managers' HRM implementation. Human resource management，52（6）：861－877.

区别，二者密切的联系往往导致混用。

主要参考文献

[1] Appelbaum, E., Batt, R., Bailey, T. et al., 2000. Manufacturing advantage: Why high performance work systems pay off. Ithaca, NY: Cornell University Press.

[2] Blumberg, M., Pringle, C. D., 1982. The missing opportunity in organizational research: Some implications for a theory of work performance. Academy of management review, 7 (4): 560-569.

[3] Bos-Nehles, A. C., van Riemsdijk, M. J., Looise, J. K., 2013. Employee perceptions of line management performance: Applying the AMO theory to explain the effectiveness of line managers' HRM implementation. Human resource management, 52 (6): 861-877.

[4] Boxall, P., 2003. HR strategy and competitive advantage in the service sector. Human resource management journal, 13 (3): 5-20.

[5] Chang, Y., Gong, Y., Peng, M. W., 2012. Expatriate knowledge transfer, subsidiary absorptive capacity, and performance. Academy of management journal, 55 (4): 927-948.

[6] Jiang, K. F., Lepak, D. P., Hu, J. et al., 2012. How does human resource management influence organizational outcomes? A meta-analytic investigation of mediating mechanisms. Academy of management journal, 55 (6): 1264-1294.

[7] 斯蒂芬·P. 罗宾斯，蒂莫西·A. 贾齐，2008. 组织行为学：第 12 版. 李原，孙健敏，译. 北京：中国人民大学出版社.

第9章 空气与翅膀哪个能让鸟儿飞起来

——资源基础观的选择

企业取得成功的根本动力是什么？这一直是令人好奇的问题。前几年中国出现了“风口论”和“时代企业论”，强调顺应时代大趋势的企业才能得到大发展；与之相对的则有“艰苦奋斗论”，强调企业内部强大的组织和管理能力能保证企业长盛不衰。实际上，以上争论的并不是什么新鲜事物，早在 20 世纪中叶——那时我国的经济国策是计划经济，企业形态与现在存在巨大差异——在西方实践界和学术界就存在过类似的争论。

这种争论仿佛是在问：一只鸟儿能够飞起来到底是空气密度重要还是它的翅膀更重要？你可能觉得这个问题太幼稚，空气和翅膀对鸟儿飞翔都是必需的。然而，将企业发展比作鸟儿飞翔只是一个类比而已，它虽然能帮助人们理解某些事情，甚至有时候也会给人灵感和启发，但却不能帮助我们从纯粹的经验性与理性的角度去解释某件事情，因为任何被类比的两个事物之间可能存在巨大差异，这会导致类比物与被类比物之间在运行机理上存在不同。

我们还是具体回到企业发展动力的争论上来。在西方学术界，曾经有一派观点认为企业所处的产业环境对企业发展至关重要，比如，是夕阳产业还是朝阳产业，是充分竞争的产业还是垄断性的产业。我们不妨将其通俗地称为“空气密度论”，这种理论视角曾经一度十分盛行。而本章要介绍的资源基础观则是为了对抗“空气密度论”而生的，我们可以暂时将其称为“翅膀论”。

一、片面深刻所引发的强烈反弹——资源基础观产生的背景

为什么有些企业会长期具有竞争优势而其他企业却走向了衰亡？对这个问题的探讨由来已久。在 20 世纪 80 年代之前，存在两种势均力敌的观点：外部因素和内部因素。外部因素的观点认为，一家企业能够抓住市场的机会并避免竞争对手的威胁就可以保持不败。而内部因素的观点则认为，一家企业能够保持盈利需要充分利用自己的优势，修正自己的劣势。这两种观点你也许不会感到陌生，也没有什么新奇之处，综合起来，它就是很多人所熟知的 SWOT (strength，weakness，opportunity，threat) 分析框架。

然而，一本书的出版打破了这种平衡，这本书名字叫《竞争优势》，作者是哈佛大学商学院的迈克尔·波特（Michael Porter）教授。在这本书中，Michael Porter 教授以近乎无可辩驳的方式得出了如下结论：企业所处行业的竞争状况（即外部因素）对企业竞争优势和绩效的影响至关重要。该著作出版

后，很多战略管理研究领域的学者都受其影响而将研究兴趣集中于企业所处的产业环境，而对企业内部因素的探讨则变得凤毛麟角。

实际上，早在 1959 年 Penrose 就在她所著的《企业成长理论》一书中提出了“组织不均衡成长理论”。依据该理论，企业是“被一个行政管理框架协调并限定边界的资源集合”，企业资源会影响企业的成长。然而，无奈《竞争优势》这本书的光环是如此巨大，在很长时间里人们都忽视了 Penrose 的学术观点。戏剧性的一幕是，这样的局面被一位主修数学、兼修经济学的“编外”学者在《战略管理杂志》（*Strategic Management Journal*）上所发表的一篇论文打破了，这位学者的名字叫 Briger Wernerfelt。

Wernerfelt 博士是丹麦人，他在哥本哈根大学学习过哲学、数学和经济学。博士毕业后，Wernerfelt 在丹麦找到了一份数学经济学的研究工作，不久由于厌倦了当时比较保守的经济理论，Wernerfelt 远赴美国哈佛大学学习 MBA 的课程，之后入职美国密歇根大学讲授战略管理课程。让 Wernerfelt 博士感到非常郁闷的是，当时教材中充斥着外部因素对于企业竞争力的作用的内容（包括 Porter 教授所提出的五力模型①），却没有关于企业自身资源禀赋对企业竞争力的影响的分析。为此，在讲课之余，Wernerfelt 博士写了“A Resource-based View of the Firm”这篇论文，并于 1984 年在《战略管理杂志》上发表。发表 10 年之后，该论文被评为“年度最佳论文”。从此之后，资源的概念在战略管理领域中又重新找回了其应有的地位。但是，正如 Wernerfelt 博士自己所说，他本人仿佛被资源基础观研究的主流“抛弃”了，他随后给《战略管理杂志》投的几篇相关论文都在匿名评审中被“毙掉”了。然而，Wernerfelt 博士所做出的关于资源基础观的开创工作引起了很多学者的注意，并激发了广泛的研究兴趣。其中 Barney 对推动和完善资源基础观的研究厥功至伟，他对资源的特征、资源与竞争的关系等内容做了细致而系统的论述。下文关于资源基础观的内容基本来自 Wernerfelt 博士和 Barney 博士的工作。

二、资源基础观的主要内容

对资源基础观的研究至今已有 30 多年的历史，大量学者对这个话题的研究做出了贡献。我们在这个部分仅论述资源基础观的核心观点，更细致的研究请读者自己查阅相关文献。该部分主要包括如下几个内容：第一，什么是资源。第二，企业的资源为什么会影响企业的利润。第三，企业如何开发自身的资源。第四，什么样的资源能为企业带来持续竞争优势。

① Porter 的五力模型认为，行业中存在着决定竞争规模和程度的五种力量，这五种力量综合起来影响着产业的吸引力以及现有企业的竞争战略决策。五种力量分别为同行业内现有竞争者的竞争能力、潜在竞争者进入的能力、替代品的替代能力、供应商的讨价还价能力、购买者的讨价还价能力。

(一) 资源的含义

关于什么是资源，Wernerfelt（1984）将其界定为某个公司的优势和劣势，Caves（1980）将其界定为与企业紧密联系的半永久性的有形和无形的资产。企业的品牌、内部的技术知识、技能型员工、贸易合同、机器设备、高效能的流程和资本等都可能成为公司的资源。类似地，Barney（1991）将资源定义为："能够使企业制定和执行提高其效率和效益战略的所有资产、能力、组织流程、企业属性、信息、知识。即企业在制定和执行其战略时可利用的力量"。

另外，Barney 还将企业资源分为三类，即物质资本资源（physical capital resource)、人力资本资源（human capital resource）和组织资本资源（organizational capital resource)。其中物质资本资源包括企业所用的物质技术、企业的厂房和设备、企业的地理位置和原材料等；人力资本资源包括管理人员和员工的培训、经验、判断、智力、关系和洞察力；组织资本资源包括企业的正式报告结构，正式和非正式的规划、控制和协调系统，以及企业内部群体之间、企业与其外部环境中的群体之间的关系。

需要指出的是，Barney 认为在一个企业中不是所有的资源都是与战略相关的，有的资源可能会妨碍企业制定和执行有价值的战略，有的资源会降低企业制定和执行战略的效率和效益，而有的资源则可能对企业的战略没有影响。

(二) 企业资源对企业利润的影响

Wernerfelt 认为，市场—产品（即外部因素）与企业资源就像是一枚硬币的两面，Porter 的五力模型关于市场环境对企业利润的影响逻辑同样适用于对企业内部资源的分析。如果提供资源的供应商是一个垄断组织或者群体，那么在其他条件不变的情况下，使用该垄断资源的企业的回报将减少。同样，如果一家企业产出的资源产品只能卖给一个垄断组织，那么该企业的回报也将会减少。最后，如果一家企业掌握的资源的可替代性提高了（也就是说，该行业的竞争者和潜在竞争者开发出了可替代的资源)，也会导致该资源持有者的回报下降。

资源是企业自身的特征，它可以被持有者带进不同的市场参加竞争。而产品则不然，它只能在某种特定的市场存在。

为了进一步说明资源对利润的影响，Wernerfelt 提出了资源地位壁垒的概念。所谓资源地位壁垒是指先行持有资源的一方可以影响后进入者的成本和价格，即资源地位壁垒也会提高资源拥有者的回报。资源地位壁垒在一个市场内部可以转化为进入壁垒。没有资源地位壁垒的进入壁垒不能阻止多元化的进入者，而没有进入壁垒的资源地位壁垒则不能为企业带来利润。

那么，资源地位壁垒是如何产生的呢？Wernerfelt 认为，生产容量、顾客忠诚、生产经验、技术领先等因素都会对资源吸引力产生影响。

第一，生产容量。众所周知，如果能在开放市场上买到某些生产工序，那么这些规模收益递减的生产工序就不能获得很高的回报。对进入者来说，在一个生产容量过大的市场上通过购买必要资源进入该市场是不理智的，因为这会导致更激烈的竞争和更低的回报。所以，资源地位壁垒在此处是通过降低期望收入来阻止潜在资源收购者的。

第二，顾客忠诚。资源市场的性质会导致资源地位壁垒的产生。很多研究都发现，后进入者比早期进入者将支付更高的代价。因此，优先占有位置比取代别人的位置来得更加容易。

第三，生产经验。众所周知，如果领导者能正确地实施战略，那么后来的资源生产者不得不与早期生产者在艰苦的争斗中获取经验。理想的情况下，后获取者应该付出更多而回报更少。但如果经验从早期的行动者泄露到后来者，那么就会降低后来者的成本，就不存在先发优势。

第四，技术领先。一方面，技术领先将会有更高的报酬，刺激组织开发更加先进的资源和能力。另一方面，比起原创，追随者常常更容易从领先者的观点中再创新。

(三) 企业如何开发有价值的资源

关于如何管理资源、利用资源，Wernerfelt 提出了三种具体的资源开发策略：逐次进入、压榨与开发、垫脚石。所谓逐次进入是指一种强势资源首先在一个市场进行开发，当成熟之后再进入另外一个市场。压榨与开发是指在充分利用旧有资源的同时不断开发新的资源。垫脚石是指在进入新的市场时，可以先开发相关资源进入市场，然后再将相关资源作为垫脚石，进一步开发新的资源。

(四) 何种资源能为企业带来持续竞争优势

为了分析资源的特征，Barney (1991) 首先区分了两种企业优势：竞争优势与持续竞争优势。竞争优势是指“当一家企业所执行的价值创造战略不会被当前或者潜在的竞争对手所同步执行，这家企业相对于其他企业则具有了竞争优势”。持续竞争优势则是指“当一家企业所执行的价值创造战略不会被当前或者潜在的竞争对手所同步执行，同时其他企业也无法复制该企业在此项战略中所获得的利益时，这家企业相对其他企业则具有了持续竞争优势”。因此，“持续”在这里并不是指时间上的持续性，而是指战略的不可复制性。

Barney (1991) 指出，Porter 等人提出的外部环境模型有两个基本假设。第一，一个行业内的企业所控制的战略相关资源，以及它们所追求的战略都是同质的 (Porter，1980)。第二，一个行业或者群体可能会通过新进入者产生资源的异质性 (heterogeneity)，但该异质性存在的时间很短。因为企业的战略性资源可以通过要素市场上的买卖而获得，要素市场的高流动性会导致资源的同质性。Barney 提出的竞争优势的资源基础观与外部环境模型具有截然相反的假设，他认为：第一，企业所拥有的资源具有异质性；第二，这些异质性资源在企业之间是“非完全流动的”。

Barney（1991）认为，能够带来持续竞争优势的资源必须具有四个属性：价值性、稀缺性、不能完全模仿性和难以替代性。那些长期占有这四种特征资源的企业更容易获得持久的超额利润和竞争优势。

所谓有价值的资源，是指那些能利用企业成长环境中存在的机会，并能化解成长环境中威胁的资源。当一项资源能够使一个企业实施其战略以提升其组织效果和效率时，该资源就是有价值的。

显然，一项资源仅仅具有价值性是不够的，它还需具有稀缺性的特征。如果某项有价值的资源为众多企业所拥有，那么这些企业就会以同样的方式来开发和利用该项资源，造成的结果就是没有一家企业能获取竞争优势。因此，只有拥有某项有价值的资源（或一组有价值的资源）的企业数目少于使该产业变成充分竞争状态的企业数目时，该资源才有可能给企业带来竞争优势。

有价值且稀缺的资源可能为企业带来竞争优势，但却不一定能够使企业具有持续竞争优势。要使该资源变成企业持续竞争优势的来源，那么它就必须具备让其他企业无法复制的属性。企业资源要达到不能完全模仿（或模仿成本高），需要具备以下三个条件：（1）企业获取某资源的能力有赖于独特的历史条件。企业不仅是历史与社会的实体，而且其获取与开发某些资源的能力受制于它们在时间与空间中所处的位置。一旦历史上的这一特殊时期过去了，企业将再也无法获取此类资源。从这个意义上讲，这些资源是不能完全模仿的。（2）企业所控资源与其持续竞争优势之间的因果关系不明。如果企业所控制的资源和持续竞争优势间的关系不为人所知或所知甚少，我们就认为存在着因果模糊性。如果企业资源与其持续竞争优势的关系很难说清楚，对那些试图通过模仿资源来复制成功企业战略的企业而言就是非常困难的，因为模仿企业首先必须知道成功企业的资源大体是什么样的。在存在着因果模糊性的情况下，模仿者们根本不知道如何才能模仿那些有着持续竞争优势的企业的战略。（3）创造持续竞争优势的资源具有社会复杂性（Derickx & Cool，1989）。这些资源可能是些非常复杂的社会现象，以至于超出了企业系统化管理与作用的能力。如果持续竞争优势是基于此类复杂的社会现象而存在的，则其他企业模仿这些资源的能力将大受限制。很多企业资源表现为很强的社会复杂性，例如公司管理层之间的人际关系、公司文化、在供应商和客户中的声誉等。知道某项资源（比方说，管理层之间存在的企业文化）可以提升企业的效率和效能，并不意味着缺乏这些资源的企业可以通过系统努力取得它们（Dierickx & Cool，1989）。对大多数企业而言，这种“社会工程技术”很难在当下实现（Barney，1986）。由于这类具有社会复杂性的资源难以直接管理，因而它们是不能完全模仿的资源。

替代性是指两种有着相同或类似战略价值的资源，它们可独立地用于实施相同的战略。如果有两种不同的资源可以用来制定和执行相同的战略，那么这两种资源在战略上就是等效的。因此持续竞争优势还要求资源具有不可替代的特性。尽管前文提及的历史依赖性、因果模糊性、社会复杂性等都能提高其他企业模仿一个特定企业的资源的成本，但如果这些资源具有替代品，且替代品的成本并不高，则缺乏资源的企业可以通过以较低的成本模仿那些替代资源的方式来达到模仿目标资源效应的目的。

基于以上叙述，Barney 提出了资源基础观的框架（见图 9-1）。

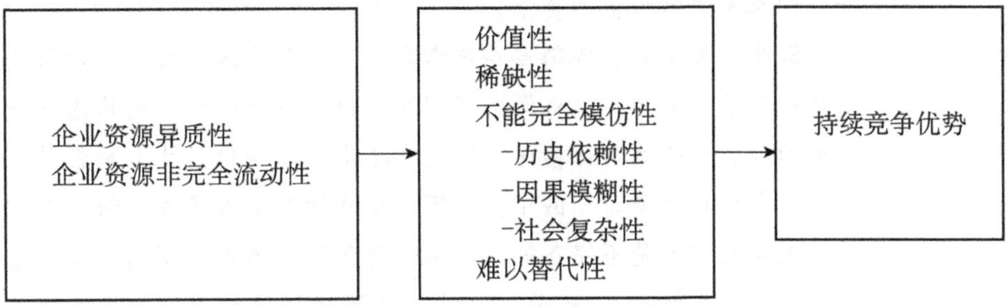

图 9-1 Barney 的资源基础观

三、资源基础观在论文写作中的应用

自从资源基础观被提出之后，很多学者采用实证研究的方法从不同角度对资源基础观进行了检验和发展。以下我们通过三个例子从不同角度介绍资源基础观的运用。

（一）资源购买对新业务绩效的影响

Li 等人（2014）依据资源基础观和组织学习理论建立了一个含有七个假设的模型。在这个模型中，研究者提出资源购买、资源吸引和资源内部开发与新业务绩效之间存在显著的正相关关系，组织学习能力中介了以上三个变量对于新业务绩效的关系（见图 9-2）。其中资源购买对新业务绩效的影响的分析就明显地建立在资源基础观之上，假设 1 提出的主要过程如下：

> 企业绩效不仅反映了组织效能（Venkatraman & Ramanujam，1986），也是组织运营的结果。新业务的超级绩效与新业务的成功拓展具有密切的关系，新业务的成功拓展会产生显著的投资回报，以及销售、产量、利润、市场占有率和雇佣的增长（Jennings & Beaver，1997；Lumpkin & Dess，2001；Venkatraman & Ramanujam，1986）。
>
> …………
>
> 依据资源基础观，新业务绩效与资源获取有直接关系，因为资源的可获得性是理解组织绩效的显著因素（Barney & Arikan，2001）。……

> 我们提出，一家公司所使用的不同资源获取方式（资源购买、资源吸引和资源内部开发）会产出不同的绩效，这依赖于一种资源在多大程度上是新的、是完全被一家公司占有的、是对公司及其合伙人共同有用的关系性产品。
>
> 依据资源基础观，新业务所面对的挑战是如何鉴别、获取或开发那些稀缺、不可移动、不易复制、不可替代的资源，因为当采用正确实施方式时（Sirmon，Hitt，& Ireland 2007），这些资源能产生竞争优势（Barney，1986）。然而，为了积累有意义的价值回报，公司也需要购买那些低于它们真实未来价值的资源。
>
> 因此，如果新业务需要在要素市场上购买资源，公司必须识别出那些价值被低估的资源。当资源的真实未来价值对未来创造的作用只能被公司内理性的智力资本所评估时，它们在要素市场的价值才会被低估。这种事件可能发生在转型时期的中国，因为战略性要素市场关于新资源和旧资源的新用途的信息是不完备的（即由于变化的动态性，新联结和新用途对于市场来说是未知的）。因此，这些市场不能精确地为这些资源定价。这种不确定性使新业务有机会购买低于实际市场价值的资源（Denrell，2003），因此，资源购买正向影响新业务财务绩效。
>
> 从公司外部购买资源可以帮助一家公司避免路径依赖的陷阱。比如，购买新的资源可以避免公司将自己的业务锁定在特定的产品、服务、技术、资源和竞争路径上，或者依赖于现有的产品、服务、技术、资源或竞争路径。再比如，新资源可以用来直接改变公司的战略，使公司对不确定的环境因素更容易做出反应（Mathews，2003）。已有研究报告指出，资源的可获得性正向影响公司的成长（Castrogiovanni，1991；Covin & Slevin，1991；Vesper，1980），因为资源是公司开拓市场管理竞争的基本质料。如果一家公司的资源来自各个渠道，它的战略选择就会多一些（Romanelli，1987）。通过获取资源，一家企业的新业务学习、创新和运营的能力会增强，成长绩效也会提升。
>
> 假设1：资源购买对新业务绩效有正向影响。①

我们不难发现，该论文的假设1主要是通过资源基础观的一个基本假设，即资源获取可以提升组织绩效推导出来的。在这里资源购买是具体的资源获取方式。需要注意的是，这种通过购买的方式所获取的资源未必就是一种能带来持续竞争优势的资源，它可能只具有Barney所讲的价值性，而不具备稀缺性、不能完全模仿性与难以替代性。

---

① Li，C.，Hughes，M.，Yin，M.，2014. The Relationship between resource acquisition methods and firm performance in Chinese new ventures：The intermediate effect of learning capability. Journal of small business management，52（3）：365－389.

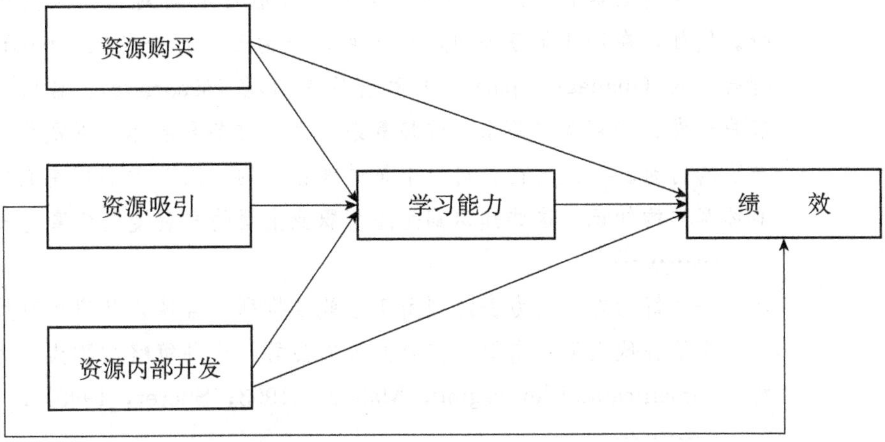

图9-2 资源与学习能力、绩效的关系模型

(二) 人力资本作为资源对企业利润的影响

Kor 等人（2005）依据资源基础观，构建理论模型分析了人力资本利用程度与公司利润之间的关系。其中假设1的推导过程主要参考了资源基础观。主要的分析过程如下：

> 资源基础观为研究如何高效地开发和利用公司资源、产生持续高回报提供了理论基础（Mahoney，1995；Mahoney & Pandian，1992；Penrose，1959）。这一理论观点认为，行业内和行业间的绩效差异与资源集合的差异（Barney，1986；Makadok，2001；Peteraf，1993）以及资源管理的效率有密切关系（Mahoney & Pandian，1992；Penrose，1959）。
>
> …………
>
> 资源基础观还认为，公司多元化地进入一个新的商业领域可使其没有充分利用的资源和能力得到有效使用（Penrose，1959）。当公司的成长方向和速度与其资源和能力保持一致时，协同效率和知识基础将会获得增强。成长和多元化战略的成功需要重视公司管理人才和专业人才的可获得性、经验和知识。
>
> …………
>
> 尽管资源基础观提供了公司资源对于成功多元化的智识，但现有文献并没有讨论业务层面的管理和人力资源战略是如何保障公司层面多元化战略获得成功的。
>
> …………
>
> 人力资源代表了专业服务公司（如法律公司、财务公司和咨询公司等）的主要资本，因为专家的建议和咨询是这些公司人力资源的主要产出（Gilson & Mnookin，1990；Malos & Campion，1995；Spar，1997）。
>
> …………

为了有效地利用人力资本，这些专业服务公司对工作人员进行了区分。例如，在法律服务公司，员工可以分为三类：合伙人（partner）、管理合伙人（managing partner）和合伙人助理（associate）。合伙人负责新客户开发、培育客户关系、监督复杂案件、准备和展示，以及指导和协调新手的行为。合伙人在公司当中是最难替代的，因为他们拥有具体公司和具体客户的知识，这些知识都是随着职业生涯的发展慢慢积累起来的。

…………

一个好的专业人力资源利用策略就是将那些合伙人从事的难度不大的工作交给合伙人助理来做。在专业服务公司，这种策略被称为人力资本杠杆（human-capital leveraging，Maister，1993；Sherer，1995）.

…………

一家企业对人力资本杠杆的利用程度一般用杠杆率来测量（即在一定时间点，一个企业每个合伙人利用助理的数量）。

…………

杠杆利用程度作为一个行业内企业异质性的来源，也可以是专业服务企业超级盈利能力的一种来源。利用数量有限但是有价值的合伙人具有很多益处。

…………

人力资源杠杆正向影响公司的盈利能力是因为：(1) 合伙人的人力资本能够有效地用于需要高层次专家知识的项目，从而产生高利润边际效用；(2) 通过撬动更多数量的助理，企业可以拓展服务能力，而产生的超额利润还是分给同样多的合伙人（因此每个合伙人的收益提高了①）；(3) 委派助理做专业工作也会开发这些助理的人力资本。

…………

假设1：合伙人的人力资本杠杆程度，即每个合作者的助理数量与专业服务公司的利润正相关。②

从以上的分析可以看出，该论文依据资源基础观的框架将合伙人的人力资本作为公司的核心资源，将人力资本杠杆对合伙人的价值开发作为主要影响因素，考察其对专业服务公司的利润的影响。

（三）对资源价值性与资源稀缺性的拓展

Newbert（2008）的研究检验了资源和能力的价值与稀缺对公司竞争优势的影响，以及竞争优势对组织绩效的影响（具体见图9-3）。根据前文的介绍，

---

① 原文无。——笔者注

② Kor，Y. Y.，Leblebici，H.，2005. How do interdependencies among human-capital deployment，development，and diversification strategies affect firms' financial performance?. Strategic management journal，26（10）：967-985.

大家都知道资源的价值性和稀缺性是资源基础观关于价值特征的一些核心内容。主要的分析过程如下：

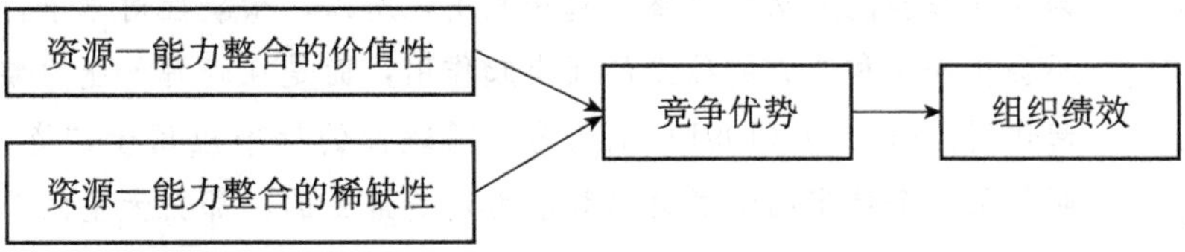

图9-3　价值性、稀缺性与竞争优势和组织绩效的关系模型

按照 Barney（1991）的观点，如果一项资源或者能力具备让一家公司降低成本并且/或者对环境中的机会和挑战做出反应的潜力，它就是有价值的。一家公司若能够高效地利用这种资源或能力，它将会获得竞争优势。依照这一观点，一家公司的竞争优势是其所掌握的资源和能力价值大小的函数。…… 尽管这一逻辑非常直接，但它并没有假定公司一定能够开发利用其资源和能力；仅当那些有价值的资源和能力被高效地配置了，一家公司才能够获得由这些资源和能力所带来的竞争优势。为了了解如何开发资源和能力，必须承认它们的共生关系。

依照 Penrose（1959）的观点，“资源包括一系列的潜在服务……这些由资源产生的服务是服务使用方式的函数”。Amit 和 Schoemaker（1993）认为，为了高效地使用或开发一项资源，一家公司必须具备恰当的能力，即“开发资源的能力”。……

显然，资源和能力在竞争优势获取中的作用是紧密联系在一起的。正如 Penrose（1959）指出的那样，“任何资源（或能力）不能单独使用；任何对资源的高效利用总离不开与其他资源的整合”。Rubin（1973）也断言：“为了使资源有价值，公司必须对原始资源进行加工”。与 Penrose 类似，Rubin 认为，为了高效地加工这些资源，公司必须用高效的方式将这些资源整合起来。……

总之，只有当一项具有巨大潜在价值的资源（或能力）与其他能力（或资源）相结合时，它的价值才能真正地显现出来。如果孤立的资源和能力基本上没有效用，那么获得竞争优势的关键就不是利用一项有价值的资源或能力，而是利用一项有价值的资源—能力整合。这种有价值的资源—能力整合越多，由此带来的优势越明显。因此提出假设1：

假设1：一家公司所利用的资源—能力整合价值与其竞争优势正相关。

如上文所述，一家公司为了获得竞争优势，它必须在控制成本、把握市场机会和/或消除市场威胁等方面比其竞争对手做得出色。考虑到这些方面必须具有新颖性，Barney（1991）提出，如果很多公司都具有某家公司所掌握的资源和能力，那么该公司不可能在以上方面比这些公司做得更好。相反，竞争优势可能会由稀缺的资源和能力的利用而驱动，或者是存在于一个由于足够小而无法充分竞争的产业中的几家公司所拥有的资源和能力的利用而驱动（Barney，1991）。依照这种思路，特别需要指出的是，因为资源和能力必须要整合起来利用，所以，稀缺性对竞争优势的贡献度不会在资源和能力的独立层面上起作用，而是在资源—能力整合的层面上起作用。Barney（1991）也认为，稀缺性的标准应用于“资源群”，这表明如果一个特定的资源群（和能力）是常见的，那么大量的公司都能够获得类似的战略结果。这样就降低了每家公司胜出的概率。

按照这种逻辑，为了获取竞争优势，一家公司不一定必须拥有稀缺资源和稀缺能力。比如，如果一家公司拥有其他公司不具备的能力（比如一项化学程序专利），为了将这种能力所具有的潜在价值转化成竞争力，该公司不必非要拥有稀缺的资源。这种专利程序可使用的原材料的广泛程度（比如自然的化学物质），也会使得这家公司享有竞争优势。因为它的稀缺能力可以让其采用一种不同于其他公司的方式利用这些常见资源。常见资源（或能力）可能会与其他资源和能力以一种稀缺的整合方式而出现，因此，常见资源也会成为获得竞争优势的重要条件。为此提出假设 2：

假设 2：公司所利用的资源—能力整合稀缺性与该公司的竞争优势正相关。

…………

虽然竞争优势和绩效经常被混用（e. g.，Porter，1985），但这两个概念是不同的（Powell，2001）。竞争优势一般是指尚未被其他公司所使用的战略，这一战略为该公司降低了成本、开发了市场机会，而且/或者消除了市场竞争性的威胁（Barney，1991）。绩效一般是指一家公司由于实施战略所积累起来的财富（Rumelt，Schendel，& Teece，1994）。

按照 Peteraf 和 Barney（2003）的观点，获得一种竞争优势的公司会比其竞争对手创造更多的经济价值，即感知的资源—能力整合所产生的利益与开发成本之差。这两位作者认为，公司实现其经济价值有两条途径：第一，在生产产品和提供服务时，以与竞争对手同样的成本产生更多的利益（即基于差异化的竞争优势）；第二，在生产产品和提供服务时，以比竞争对手更低的成本获取同样的利益（即基于效率的竞争优势）。……无论哪种情况，以下逻辑都是成立的：即无论是以同样的成本获得更多的利益，还是以更低的成本获得同样的利益，相比竞争对手来说，都算是提升了绩效。

…………

假设 3：一家公司的竞争优势与其绩效正相关。

按照 Barney（1991）的观点，“只有当其（基于资源的）战略能够利用机会和消除威胁时，公司才能提升绩效”。换而言之，具有最好绩效的公司不是那些利用了有价值和稀缺资源—能力整合的，而是那些高效地利用了这种整合的公司。……为了提升绩效，公司（更具体来讲，公司的执行者）必须首先识别和利用基于资源的战略，这种战略会提升经济绩效。不幸的是，“人类的制造战略的局限”（Amit & Schoemaker，1993）很可能导致利用资源—能力整合技能的较大偏差。例如，Prahalad & Bettis (1986) 发现个体经常基于容易获取的信息（而不是更精确的信息）做出判断，这是一种由过去被证明行之有效的做法而启发产生的战略。笔者认为，这种认知偏差所带来的资源利用的重大变异显而易见。换而言之，由于决策经常是基于怪异和错误的信息，公司经常会采用那些不能提升绩效的资源基础战略。

尽管一些公司看起来能够获取其他公司所不具备的有潜在价值的资源和能力（Barney，1986；Dierickx & Cool，1989），但是它们对这些资源和能力的利用并不一定能带来积极的经济回报。若想通过有价值、稀缺的资源与能力获取利益，公司必须通过对这些资源与能力的整合而降低成本、利用市场机会和/或消解环境的威胁。……

以上的讨论并非说明说资源—能力整合的价值性和稀缺性不会影响组织绩效。实际上，为了以低成本和/或独特的方式来生产产品和提供服务，一家企业必须以不同于其竞争对手的方式来利用有价值的资源—能力整合。同时，无论这种整合多么具有价值性和稀缺性，它也不会直接预测组织的绩效。一家企业为了能够从资源—能力整合中赚取利润，它必须成功地获取来源于这种整合的竞争优势。因此，一家公司在具有了资源—能力整合的价值性与稀缺性后，并不一定能提升其绩效，只有这种整合所产生的竞争优势才能决定公司的绩效水平。

假设4：一家公司的竞争优势会中介资源—能力整合的价值性与组织绩效的关系。

假设5：一家公司的竞争优势会中介资源—能力整合的稀缺性与组织绩效的关系。①

从上文的分析看出，论文论及了资源的价值性和稀缺性，但该论文又不仅仅限于 Barney 提出的价值性和稀缺性。文中由资源—能力整合的概念出发，提出不是单个的资源和能力，而是资源—能力的整合对企业的竞争优势产生影响。特别是整合的价值性和稀缺性会使得某些不具有价值性和/或稀缺性的资源对企业的竞争优势产生影响。

四、对资源基础观的评价与反思

资源基础观的提出对当时企业的战略视角有很大的转变，资源基础观的实

---

① Newbert，S. L.，2008. Value，rareness，competitive advantage，and performance：A conceptual-level empirical investigation of the resource-based view of the firm. Strategic management journal，29 (7)：745-768.

质就是以企业为分析单位，以企业内部资源为分析的基础和出发点，通过探讨独特的资源禀赋与特异能力，达到提升企业竞争优势和获取超额利润的目的。

当对一种理论观点的研究进行到极致之时，人们对该理论观点的优势与缺陷的认识也会变得更加清晰，此时很容易产生与之前观点不同的视角，资源基础观的产生是对此很好的诠释。资源基础观是在批评和补充 Michael Porter 所提出的产业竞争优势的大背景下所提出的，同时它的出现也得益于产业竞争优势观点在当时空前的影响力。

当然，资源基础观也没有逃脱像产业竞争优势一样的被批判的宿命。自从该视角产生之后，它一直在争取自己在学术界的合法地位，即证明自己是一个“理论”，然而从效果上看并不成功。最有力、最系统的批评来自 Priem (2001)，他认为资源基础观在没有将因果逻辑和时间因素整合之前，只能是一个潜在的理论。

在笔者看来，资源基础观作为一种视角非常贴切（企业禀赋角度），它弥补了之前仅看“大趋势”的不足。然而，以下两个原因可能导致其仅能止步于视角的层次。第一，离开了企业绩效，我们很难断定什么是“真正资源”，这一致命弱点会导致“真正资源可以给企业带来（超额）绩效，能够给企业带来（超额）绩效的资源是真正资源”的循环逻辑。从这个角度来讲，资源基础观并没有告诉我们什么实质性的东西，这就好比说，单身就是没有结婚的人。哲学上将这种命题称为分析性命题，这种命题无须依靠经验就可演绎得出其必然性，但无法获得新知识。知识没有积累，自然没有理论贡献。第二，你可能已经看到了，Barney 必须依赖外部环境（如历史因素、社会环境、竞争对手）来界定资源的四个特征，这说明他所谓的资源的内部禀赋性也非确实，至少说明他并未从本质上提取出资源的根本特征，而只是对特征进行了简单描述。

虽然资源基础观受到了尖锐的批评，但是其应用还是非常广泛的。正如 Barney 认为的那样，它可以被应用于管理学科的人力资源管理、营销、创业、管理信息系统、运营管理和技术与创新管理中。在学术研究时，凡是涉及企业绩效、战略管理和竞争优势等结果变量，而自变量涉及企业内部相关要素时，都可以考虑将资源基础观作为理论依据。

因此，现在看来，争论“要鸟儿飞起来是空气重要还是翅膀重要”这类问题是没有什么意义的，断言“空气和翅膀都很重要”也同样没意义，讨论“鸟儿如何通过翅膀搅动空气而产生浮力”才是最重要的。换而言之，探讨企业如何利用产业环境和内部资源禀赋的相互作用而产生了（超额）绩效才是最重要的。

主要参考文献

[1] Barney, J. B., 1991. Firm resources and sustained competitive advantage. Journal of management, 17 (1): 99-120.

[2] Barney, J. B., 1986. Types of competition and the theory of strategy: Toward an integrative framework. Academy of management review, 11 (4): 791-800.

[3] Kor, Y. Y., Leblebici, H., 2005. How do interdependencies among human-capital deployment, development, and diversification strategies affect firms' financial performance?. Strategic management journal, 26 (10): 967-985.

[4] Li, C., Hughes, M., Yin, M., 2014. The Relationship between resource acquisition methods and firm performance in Chinese new ventures: The intermediate effect of learning capability. Journal of small business management, 52 (3): 365-389.

[5] Newbert, S. L., 2008. Value, rareness, competitive advantage, and performance: A conceptual-level empirical investigation of the resource-based view of the firm. Strategic management journal, 29 (7): 745-768.

[6] Wernerfelt, B., 1984. A resource-based view of the firm. Strategic management journal, 5 (2): 171-180.

[7] Wernerfelt, B., 1995. The resource-based view of the firm: Ten years after. Strategic management journal, 16 (3): 171-174.

第 10 章

企业做好自己就能成功吗

——资源依赖理论的答案

40 多年的改革开放历程，拓展了中国人的视野。在组织管理领域，我们看到了很多号称是卓越的、基业长青的企业。这些企业有国外的，也有国内的，通用电气、IBM、麦当劳、沃尔玛、诺基亚、微软、苹果、谷歌、松下、柯达、海尔、联想、华为、阿里巴巴……

每当某个企业由于业绩突出而吸引住人们的眼球时，大家都会想它是怎么做到的？此时，各种各样满足人们好奇心的分析与解释就会纷至沓来，有披露企业领导人传奇经历和情怀的，有描绘高尚而独特的企业文化的，有强调严格而精细的企业管理的，也有大谈长远而坚韧的战略定力的……参与分析的人也是三教九流，有具有学术背景的学者，有咨询培训公司的专家，当然也有公司管理者。这些分析，直至该企业"难保晚节"，或者是被下一个更加闪耀的明星企业抢去了风头，方休矣。

如果我们将这些分析整理归类的话，就会发现它们有一个共同前提：企业只要做好了自己，成功自然会不期而至。这本质上跟我们听到的励志故事没有什么区别。问题在于，企业把内功练好了是否就一定能成功？当然不是这样的，许多原因都会导致一家企业成功或者失败。比如，竞争对手的实力就很重要，雄姿英发的周瑜遇到诸葛亮这个强劲的对手也只能空发"既生瑜，何生亮"的叹息。再比如，如果市场上没有所需要的人才，很多组织的战略设想也很难实现。

因此，对于企业来讲，做好自己非常重要。同时，外部环境的支持也同样重要。在组织管理领域，前者被称为封闭系统的观点，其核心论点是，组织所能够控制的资源是固定的，企业所要做的事情就是使该资源的产出最大化。泰勒、法约尔、巴纳德、韦伯等人的管理思想都属于封闭系统论。后者相应地被称为开放系统的观点，其核心的论点是，企业生存离不开周围的环境，一个能不断从外部环境获得支持的企业才是成功的。

资源依赖理论就属于开放系统观点中的重要一员。

一、资源依赖理论产生的背景——对环境作用的重视

在 20 世纪 60 年代之前，组织理论的发展仍处于"封闭系统研究模式"阶段。这种研究模式认为，组织是一个封闭的系统，它们是自我定向、独立自主的行动者，因此，组织的存在或成功与否不必考虑外部环境因素对组织的影

响，而是要关注组织内部的规则是否有效、组织成员是否得到了真正的激励。像大家所熟知的法约尔的管理过程研究，韦伯的官僚行政管理，巴纳德的经理人管理职能，以及以马斯洛、赫茨伯格、亚当斯和斯金纳等人的理论为代表的激励理论等，都属于这种研究模式。在这一时期，研究者对于组织行为差异的解释主要集中于组织内部因素的影响，如组织领导人的价值观和行为导致的差异，组织内部的激励和团队流程等因素导致的差异（Pfeffer，1977）等等。

从 20 世纪 60 年代开始，学者们开始关注环境对组织的影响，以及组织与环境的关系等问题，人们将此称为“开放系统研究模式”。在此过程中，形成了许多基于开放观点的理论，比如种群生态理论（Hannan & Freeman，1977）、新制度理论（Meyer & Rowan，1977），以及本章要介绍的资源依赖理论（Pfeffer & Salancik，1978，2003）等。

当然，你可能会说，开放系统研究模式也没什么了不起，无非就是讲了环境对于组织的生存发展很重要——这确实是开放系统研究模式的基本前提，但并不是其核心观点。开放系统研究模式回答的核心问题是：环境是如何影响组织生存的？对这个问题，开放系统研究模式下的不同理论给出了不一样的回答。

组织生态理论主要讨论了组织形态和类型对其出生和死亡率的影响，它认为组织对环境的反应方式只能是出生与死亡（即自身内在结构不能调整），同时，组织也不能改变环境。而资源依赖理论则认为组织的内部权力与领导结构可以发生变化以适应甚至在一定程度上改变环境。新制度理论主要探讨了社会规范、规则、期望和价值对组织所形成的单向压力，而不像资源依赖理论那样考虑组织与环境之间的双向资源交换。

资源依赖理论回答了诸如“组织是如何受到外部约束影响的？”“组织是如何试着去管理这些约束的？”“权力机制是如何影响组织间关系以及组织内部结构的？”等问题。该理论影响深远广泛，至今为止，它已成为管理学、社会学、公共政策、教育学、医疗保健等多个学科研究中的重要理论之一。

二、资源依赖理论的主要内容——四个概念、八个观点

（一）四个核心概念

1. 相互依赖

在社会系统和社会相互交流中，只要参与者不能够完全地控制实现某一行动和从行动中获得渴望的成果的所有必要条件，就存在着相互依赖。事实上，所有的组织成果都建立在相互依赖之上。相互依赖包括成果相互依赖和行为相互依赖。成果相互依赖是指 A 取得的成果和 B 取得的成果相互依赖或者相互决定。行为相互依赖是指某个社会实体的行动本身依赖另一个社会实体的行动。成果相互依赖又可以分为竞争性相互依赖和共生性相互依赖。竞争性相互

依赖是指当参与者都需要一致的生存资源时的关系。共生性相互依赖是指一个成员使用另一个成员的副产品，即一方的产出是另一方的投入。

相互依赖是组织所具有的开放性系统性质的产物。事实上，组织为了获得维持生存的必要的资源，就必须与环境中的其他因素进行交易。随着社会组织独立性程度的增加，组织之间的相互依赖就会减少。组织间存在的相互联系的数量不是一成不变的，而是随着时间的推移、组织独立性的增加而发生相应的变化。

2. 组织有效性

组织有效性是指“创造可接受的结果和行动的能力”（Pfeffer & Salancik, 1978），按照 Pfeffer 和 Salancik 的观点，组织有效性是一个外部标准的概念，也就是说，组织的有效性并不是由内部成员来判断的，而是指组织能够满足外部群体（包括团体、组织和个人）需求的能力，如果它可以满足外部群体的需要，则该组织的有效性就高，否则就低。然而，这并不等于说组织完全受控于外部群体，它可以影响、控制和创造外部群体的需求，使外部群体接受组织的行为。

3. 组织环境

从字面意思来看，环境包括世界上的所有对组织的行为和产出具有影响的事与物。然而，由于组织与环境中的某些实体联系较少，或者是由于组织意识不到某些实体的存在，组织不会对所有的这些外部实体做出反应，换而言之，组织只能对那些它认为关联紧密、重要的实体做出反应。因此，按照 Pfeffer 等人的观点，外部环境并非一个给定的现实世界，而是组织通过自己的注意和解释过程所创造的世界。

4. 限制

在某种给定的情境下，某种行为反应的可能性高于其他行为反应时，就可以说这种行为是受限制的。限制无处不在，个体和组织的行为不可避免地受到物理条件、社会影响、信息加工、认知能力以及个体偏好的限制。限制可能会破坏个体的创造性和适应性，但限制对个体行为反应并不完全是坏事，如果一种行为不受任何限制，会有无穷多的行为选择路径，行为反应则有可能会无限延迟。

（二）八个观点

理解了上述几个关键概念后，我们来看一下资源依赖理论的几个密切关联的观点，它们构成了资源依赖理论的核心内容，分别是：

第一，组织是个体（包括组织内的领导和普通员工）联盟，它因可以满足个体需要而得以存在。也就是说，组织存在的价值是帮助个体完成其不能独立完成的任务与目标。

第二，在一个组织中，不同个体的目标与行为是不相同的，他们会不断地评估组织之于自己的价值与意义，从而决定自己是否从属于该组织。据此，组织的边界可以定义为一个组织相对于其他社会实体对个体行为与选择的控制力。如果某组织对某个体的行为和选择的控制力大于其他社会实体，则该个体属于该组织。

第三，组织内部无法产生出保证其生存所需要的一切资源，任何一个组织都不能完全自给自足。因此，从外界环境中获取必需的资源是组织存在的基本前提，而不是领导力等内在因素。对资源的需求构成了组织对外部的依赖，资源的稀缺性和重要性决定了组织对环境的依赖程度。

第四，对于某个特定的组织而言，“外界环境”并不是一个抽象虚幻的概念，而是指能够为其提供必要资源的其他组织。这些组织与它一样，为了生存也需要从外界环境中获取资源。

第五，面对不可控的环境，组织有适应和控制资源两种途径。适应就是顺从外部环境的要求，不断满足外部环境的需要。但由于外部环境由诸多存在对立需求的实体组成，往往满足了某些实体的需求就会破坏其他实体的需求。因此，适应这种方法并不总是有效。控制是指组织通过控制重要、稀缺的资源来减少依赖和相互依赖带来的影响以获得更多的独立性。具体的策略包括：通过兼并、扩大组织规模和多元化战略等方法来减少组织对环境的依赖程度；借助董事会成员、行业协会等对组织与环境沟通的桥梁和谈判渠道提出建议；通过参与公共政策的制定、获得特许经营权、改变合法性的定义等来改变所依赖的外部环境（Pfeffer & Salancik，1978，2003；Hillman，Withers，& Collins，2009；Davis & Cobb，2010）。

第六，组织内部结构的形态是为了保证组织能够顺利地从外部环境中获取资源。组织内部权力会集中于利于组织获取资源的那些群体，因此，组织的内部结构也受到外部资源的控制。面对资源获取的不确定性和组织的依赖性，组织会不断改变自身的权力结构和行为模式，以便获取和维持来自环境的资源，并使依赖最小化（但这种依赖不可能为零）。

第七，那些掌握了组织发展所需要的稀缺和重要资源的内部群体，在组织中会获得更大的权力，他们会通过控制组织来实现自己的利益。

第八，组织的管理者具有三种角色。管理者的组织代言人角色，个体具有控制他们周围社会环境的欲望，领导与管理者可以作为一个符号来让人们作为归因对象来解释公司成功与失败。组织管理者还可以主动控制环境限制以及组织所处的社会情境，包括识别环境的要求和社会情境的限制。组织管理者还是一个加工者，他们需要处理外界环境对组织的要求，包括创造一个对组织有利的社会环境，并调整自己以遵从环境的要求。

（三）该理论在实证研究中的应用方向

依据 Hillman 等人（2009）的总结，资源依赖理论在产生之后的 30 多年的时间里，对五个领域的影响较大。它们分别是：企业并购（mergers）、联合投资（joint ventures）、董事会（boards of directors）、政治行为（political action）、继任者计划（executive succession）。

Pfeffer（1976）从三个方面对企业的并购行为做出了解释：一是通过并购另一个竞争企业以降低自身的竞争压力；二是通过合并上、下游的企业来管理其相互依赖性；三是通过扩大业务范围从而减少对有交换关系的组织的依赖。很多实证研究基本上都支持了这三种解释。比如 Galbraith 和 Stiles（1984）、Pfeffer 和 Salancik（1978）、Burt（1980），以及 Walter 和 Barney（1990）等人的研究发现，环境的相互依赖可以有效地预测企业的并购行为。

资源依赖理论认为，联合投资一般只存在于相互依赖的公司之间（Pfeffer & Nowak，1976）。实证研究也支持利用跨组织关系来降低公司内部和公司相互之间的环境复杂性，以便获取资源的观点（Elg，2000；Goes & Park，1997）。研究发现，当组织相互依赖时联盟才形成，但是控制着更重要资源的一方保留着战略控制力（Yan & Gray，1994，2001）。实证研究的结果大部分支持了并购风险和其他跨组织关系的资源依赖理论的研究预测。

尽管代理理论在董事会方面的研究中被用到得更多，但实证数据表明资源依赖理论更有助于理解董事会。早先用资源依赖理论对董事会进行的研究聚焦于董事会的规模和构成，从而预测董事会为公司提供核心资源的能力。Pfeffer（1972）发现，董事会的规模和公司对环境的需要有关，那些具有高度依赖性的组织需要更高比例的外部董事。他总结说董事会的规模并不是随意的、独立的，而是对外部环境条件的理性反应。Sanders 和 Carpenter（1998）的研究也支持了这一观点，发现董事会的规模和国际化水平有关。也有学者认为董事会规模不仅和外部环境有关，而且与公司当前战略和早先的财务绩效有关（Pearce & Zahra，1992），考虑董事会时，其规模只是一方面，而董事会成员能带给公司所需要的资源的类型也很重要。

Pfeffer 和 Salancik（1978）说道："组织通过政治机制试图创造一个有利于自身利润的环境"，并且"组织可能利用政治方式去改变外部经济环境的条件"。为此，公司会积极努力地去推动政府条例的形成从而"创造"更利于自身的环境。很多研究表明（Meznar & Nigh，1995；Lester，2008），依赖于政府的公司更可能采取政治行动，而且与政府成功建立了联系的组织获得的经济回报更大。

关于继任者的选择，Pfeffer 和 Salancik（1978）认为，组织内部权力会受到外部依赖性的影响。很多实证研究发现，继任者可以降低环境依赖性。比如，有实证研究发现，越大的公司越有牢固的主管权力，越有可能选用内部人员来替换 CEO 的职位（Dalton & Kesner，1983）。还有研究发现，环境不确定性和依赖性的程度影响着主管的流动率和任期，以及新主管候选人的类型（Schwartz & Menon，1985；Cannella & Lubatkin，1993）。

三、资源依赖理论在论文写作中的应用

（一）女性为何能进入公司董事会

Hillman、Shropshire 和 Cannella（2007）以资源依赖理论为框架，研究了不同的组织特征对董事会成员女性占比的影响。该研究将性别视为发挥董事会功能的一项独特资源，但不同特征的组织对董事会成员性别多样性的评价是不一样的，组织规模、行业类型、公司的多元化战略、社会网络等四个因素对董事会成员中的女性占比存在显著影响。具体阐述摘录如下：

> Pfeffer 和 Salancik（1978）提出，公司可与某些外在环境因素形成联系，以获取资源、减少依赖。董事会是公司与外部依赖性资源建立联系的基本机制。通过选择具有高价值、高影响力，或者拥有外部依赖性资源的董事会成员，公司能够减少依赖性并获得有价值的资源。
>
> …………
>
> Pfeffer 和 Salancik（1978）提出，从董事会的联系中，组织可以获取三个方面的利益：（1）建议与咨询；（2）合法性；（3）沟通信息与获得外部要素支持的渠道。
>
> …………
>
> 研究显示，与同质性的群体相比，异质性群体能收集更多的信息、提出更多的观点，并能产生更多的解决方案（Dutton & Duncan，1987；Watson，Kumar，& Michaelsen，1993）、感知不同环境（Larkey，1996；Sutcliffe，1994）。
>
> …………
>
> （尽管）性别多样性可能对于决策和董事会咨询建议具有积极与消极影响。然而，由于董事会从事的事务多为非日常的问题解决，他们也不会经常碰面，脑力激荡、创造性的活动、多元化的观点、对现状的质疑均代表了一种“功能性冲突”（Amason，1996），这会超越一般沟通中的负面影响。
>
> …………
>
> 组织实践的合法性是社会成员所赋予的（Ashforth & Gibbs，1990；Meyer & Rowan，1977）。Cox、Lobel 和 McLeod（1991）提出了“价值多元性”假设，依据该假设，社会上关于组织多元性的价值观会迫使公司在董事会中保留女性成员（Elgart，1983）。
>
> 通过她们不同的经验、信念和观点，女性比男性更能帮助组织与不同的人群建立联系。
>
> …………

一般情况下，一家公司越知名，组织规模越大，其面对的合法化要求和社会期望就会越高，也会面临着很大的审查和评判的压力。对于投资方、顾客等一些群体而言，他们期望这些大公司的股东在性别上是多元化的。那么，董事会成员的女性构成就提供了缓解这些压力的资源。基于此，提出假设1：组织规模与董事会成员中的女性占比正相关。

…………

当一家公司所在的产业性质需要其从女性劳动力市场中招聘员工时，该公司董事会成员中的女性董事能向现有和潜在员工传递该公司在性别上的合法性信号。基于此，提出假设2：雇用女性员工更多的行业的企业，其董事会成员中的女性占比也更高。

…………

公司与公司资源交换的一条重要渠道就是双方董事的沟通，当一家公司的多个重要外部资源交换公司的董事有女性成员时，该公司也被期待具备这方面的相似性。基于此，提出假设3：与某个公司有关联的公司中，拥有女性懂事的公司数量越多，该公司董事会成员中的女性占比也越多。①

从以上分析可以看出，这篇文章的研究者将董事会中的女性成员作为组织减少外部依赖的资源，考察了哪些因素会促使组织获取这种资源，并在此基础上提出文章的研究假设。这篇文章强调了组织规模等变量对董事会成员的影响，关注的是资源的影响因素，即资源的前因变量。这可能是该文的一个创新之处。但值得说明的是，尽管文章采用了资源依赖理论的视角，但其并没有直接测量组织外部的变量对性别占比的影响。

（二）被并购的业务单元如何避免被剥离的风险

Xia 与 Li（2013）依据资源依赖理论的逻辑，分析了当一家公司并购了一些业务单元之后，这些业务单元为了避免被剥离风险，而采取的减少其对周围环境的依赖性、增强其自身市场权力和生存能力的行为。具体的分析如下：

在解释公司并购的原因时（Hillman，Withers，& Collins，2009），资源依赖理论是被使用最多的理论视角（Pfeffer & Salancik，1978）。然而，并购会导致资产剥离（Bergh，1997；Hoskisson，Johnson，& Moesel，1994；Kaplan & Weisbach，1992）。尽管并购之后经常会出现资产剥离（Porter，1987；Ravenscraft & Scherer，1987），但很少有研究从权力依赖的角度对资产剥离进行解释。

…………

本文旨在探究“相互依赖”（Casciaro & Piskorski，2005）与“亚单

① Hillman，A. J.，Shropshire，C.，Cannella，A.，2007. Organizational predictors of women on corporate boards. Academy of management journal，50（4）：941－952.

元（subunit）权力”（Pfeffer & Salancik，1978）如何同时地、共同地来影响业务部门剥离。

…………

Pfeffer（1972）将共生性相互依赖定义为行业 A 对行业 B 的销售额比例和行业 A 对行业 B 的购买额比例，他发现行业 A 中的公司通过与行业 B 中的公司合并吸收资源来管理相互依赖性。……

鉴于资源依赖理论的建立植根于权力依赖论点（Emerson，1962），学者们（Casciaro & Piskorski，2005；Gulati & Sytch，2007）将相互依赖（interdependence）分为两个维度：（1）共同依赖（mutual dependence，指 A 对 B 的依赖与 B 对 A 的依赖之和）；（2）权力不平衡（power imbalance，指 A 对 B 的依赖与 B 对 A 的依赖之差）。Casciaro 与 Piskorski（2005）发现，共同依赖而不是相互依赖（指 A 对 B 的依赖或者 B 对 A 的依赖）是行业间并购的关键动力。相应地，权力不平衡是行业间并购的障碍。

…………

我们的研究通过将行业间剥离所依据的共同依赖逻辑运用于并购后的情境而将该理论向前推动了一步。

…………

权力是依赖的反面。如果能够控制其他人所需的资源，亚单元就会增加自身的权力（Pfeffer & Salancik，1978）。Emerson（1962）所描述的权力依赖关系认为，“行动者 A 对行动者 B 的依赖，或者说 B 对 A 的权力”，“（1）与 A 为实现某个由 B 控制的目标所进行的激励性投入呈正比例关系；（2）与 A 在 AB 关系之外实现这些目标的可能性呈反比例关系”。依据这一定义，亚单元可以通过多元化来增加其权力，包括：（1）通过减少自身对母公司的资源需求（激励性投入）；（2）在母—子公司交换关系之外获得其他资源。

…………

为了深化这一讨论，我们提出，当亚单元在母—子关系之外需求多元化时，有两个维度可以帮助提升亚单元的权力：（1）行业间的并购行为；（2）行业间的联盟行为。……

在我们的研究中，用这两个构念来说明商业主体能够通过跨行业并购（Casciaro & Piskorski，2005；Finkelstein，1997；Pfeffer，1972）和联盟（Pfeffer & Nowak，1976）来增强他们相对于他者的权力。

…………

我们提出了一个资产剥离的共同依赖逻辑来拓展资源依赖理论的论点。即：如果母—子的共同依赖（交换额）是高的，母公司更可能是保留而不是剥离亚单元。……依据资源依赖理论（Pfeffer & Salancik，1978），有两个理由可以说明公司为什么会保留高度独立的行业单元：(1) 保证行业间资源的稳定流动；(2) 通过控制同行业其他竞争对手所需的资源来增加相对于这些竞争对手的权力。因为这些原因，母—子的共同依赖度越高，母公司剥离这些亚单元的益处就越少，即使不剥离会导致 Decker 与 Mellewigt (2007) 和 Wright (1986) 所说的公司业绩问题。Harrigan (1985) 发现亚单元的垂直整合可以阻止剥离行为，即使这种垂直整合会影响公司的战略灵活性。之前的研究也表明公司会在独立的行业进行并购，并保持自身的市场权力 (Burt, 1980; Galbraith & Stiles, 1984; Palmer et al., 1995)。为此，我们认为高共同依赖行业的亚单元将比低共同依赖行业的亚单元面临更小的被剥离风险。

假设 1：跨行业并购之后，共同依赖度会减少并购亚单元被剥离风险。

被并购亚单元随后的并购行为会导致亚单元生存能力的提升，这至少会部分地提升母公司对于亚单元的依赖性。随后并购可能是亚单元为了增强主要业务而满足资源需求，它可使亚单元通过减缓交换的不确定性（如价格、质量和流通时间）而增强运行的稳定性。它也增强了亚单元管理公司价值链行为的能力，因此会使公司的资源流动趋于稳定。因此，不断增强的亚单元权力会使公司愿意保留而不是剥离该亚单元。

假设 2：行业间并购之后，被并购亚单元随后的并购行为会减少其被剥离的风险。

虽然每个亚单元都会为公司内的其他亚单元提供资源，但不同亚单元之间的权力是不同的 (Bouquet & Birkinshaw, 2008; Pfeffer & Salancik, 1978)。为了增强自身的相对权力，亚单元很可能通过行业间联盟（包括联合投资）来化解这种限制，特别是当并购策略不可行 (Graebner, Eisenhardt, & Roundy, 2010) 或者当亚单元更喜欢联盟这种方式时 (Yin & Shanley, 2008)。

……我们因此预期被并购单元随后的行业间联盟行为会增强其权力，减少其被剥离的风险。

假设 3：行业间并购之后，被并购单元随后的联盟行为会减少其被剥离的风险。①

这篇文章基于资源依赖理论的思路，分析了被并购业务单元为了生存（不被公司剥离）采取的一些行为。这些行为增强了公司与业务单元之间的依赖，从而降低了业务单元被剥离的风险。该文的创新之处在于，以往的研究中，资源依赖理论主要用来探讨公司之间的关系，而该文则采用资源依赖理论的逻辑，分析了公司内部的业务单元与其总公司之间的关系。

---

① Xia, J., Li, S., 2013. The divestiture of acquired subunits: A resource dependence approach, Strategic management journal, 34 (2): 131-148.

(三) 资金获取渠道如何影响非营利组织的生存

Hodge 和 Piccolo（2005）采用资源依赖理论的视角，通过一个社会非营利组织的样本考察了资金来源、董事会卷入和财务绩效脆弱性之间的关系（具体模型见图 10-1）。结果显示，资金来源于私人捐赠的非营利组织的 CEO 比资金来源于政府或者商业支持的非营利组织的 CEO 更加可能采用董事会卷入策略。另外，私人捐赠的非营利组织比另外两类组织对于经济变动更加不敏感。这一结果提供了资源依赖的直接证据。具体阐述摘录如下：

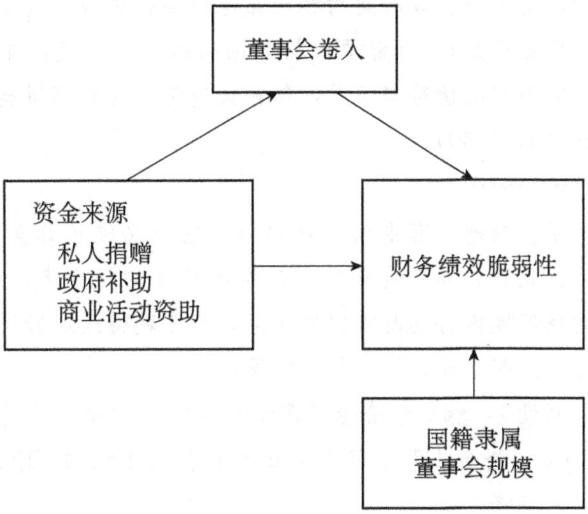

图 10-1　Hodge 和 Piccolo（2005）的研究模型

在过去的 25 年中，资源依赖理论（Pfeffer & Salancik，1978）经常被用于考察非营利组织是如何生存和运作的（Miller-Millesen，2003）。

…………

该理论强调了外部力量对组织运营的影响，提出两个核心命题：(1) 组织被其他掌握了重要资源的组织所限制，并依赖于这些组织；(2) 为了保持自己的独立性，组织会极力管理它们对外部群体的依赖性（Greening & Gray，1994）。

…………

管理者在应对外部限制决策中所扮演的角色是资源依赖理论中最重要的命题之一（Pfeffer & Salancik，1978）。正如 Herman 与 Heimovics（1990）指出的那样："资源依赖理论虽然强调很多很多组织行为是由环境决定的，但确实包含了通过管理行为所进行的（内部）适应"。

…………

这些观点指明，CEO 部分地依据现有的和预期的资源依赖性来调整战略。调动董事会成员的力量来支持组织使命是 CEO 可以采用的战略选择。

…………

社会服务部门的研究会将资金作为重要资源（Bigelow & Stone，1995；Grant，1991）。财务资源的支持是非营利组织行为的重要决定因素。

…………

非营利组织获取资源的主要渠道是：（1）以个体捐赠、公司礼物和基金会资助为主要形式的私人捐赠；（2）公共支持（政府补助）；（3）以使用费、会员费、政府契约和产品与服务销售为主要资金来源的私营部门支付（商业行为）。与资源依赖理论的推断相一致，即每种资金来源渠道都会具有不同的优势与不足，每种渠道都会对外部机构产生不同程度的依赖（Brooks，2000）。

…………

私人捐赠具有很大的波动性，组织必须依靠董事会来减少这种波动性。而政府补助则是非营利性组织稳定的资金来源，CEO只需程序性地履行政府提供补助时提出的义务，就能获得政府补助，无须通过董事会进行募捐。基于此，提出如下假设：

假设1：相比于资金来源于政府补助和商业活动资助的非营利性组织的CEO，资金来源于私人捐赠的非营利组织的CEO，会更多地采用董事会卷入策略。

测量非营利组织绩效和生存能力的指标是Tuckman & Chang（1992）开发的财务脆弱指数。……从多个渠道筹集资金的非营利组织可以控制资产的分配方式，因此对经济震荡不敏感（Greenlee和Trussel，2000）。资源依赖理论强调了组织为了提高生存机会而对资源依赖的适应性。

…………

对于私人捐赠的资金，组织不需要严格地报告资金是如何分配和如何使用的。CEO对资金的使用具有较大的自由裁量权。……而政府补助的资金一般有特定的用途，限制了CEO的自由使用，从而增加了组织的财务脆弱性。因此，我们假设：

假设2：相比于资金来源于政府补助和商业活动资助的非营利性组织，资金来源于私人捐赠的非营利性组织具有更低的财务脆弱性。

成功的组织，无论是社会服务、艺术、教育领域的组织还是美国的公司，都离不开高效、有影响力的董事会与组织CEO的密切配合。

由于营利组织和非营利组织的董事会在实践和政策制定中所承担的责任是相似的，非营利组织的董事会经常会参与维护和获取收入的活动（Herman & Heimovics，1990）。在董事会成员具有的三项职能中——控制、服务与资源依赖——资源依赖职能（即维护和获取）是解决资源问题的最重要的职能（Johnson，Daily，& Ellstrand，1996）。

…………

基于此，提出如下假设：

假设 4：相比于较少使用董事会卷入策略的非营利组织，较多地使用董事会卷入策略的非营利组织具有更低的财务脆弱性。[①]

从上述分析可以看出，这篇文章的研究者基于资源依赖理论，将资金来源作为组织外部的依赖资源，组织对不同渠道来源的资金的依赖程度不同，导致组织针对不同的资金来源做出不同的反应，基于此，研究者提出了这篇文章的研究假设。

四、对资源依赖理论的评价与反思

资源依赖理论凸显了外部环境（包括社会文化、经济发展水平、竞争对手等）对于组织生存，以及组织内部运行机制（包括战略决策、管理者遴选等）的重要作用。同时，也描述了内部运行机制对于外部环境的反作用。

对于仅考虑从内部激发组织发展动力的“封闭系统”视角来讲，资源依赖理论无疑会让人有耳目一新之感。该理论比制度理论和组织生态理论等开放流派的理论更加细致、系统地解释了组织为了生存下去，是如何通过自身所具有的选择能力，去寻找替代性的依赖资源，进而减少“唯一性依赖”的。因此，资源依赖理论的一个重要贡献就在于它使人们比较清晰地看到了组织采用各种策略来调整自身机制、选择环境和适应环境的过程。

因此，当我们进行的研究中涉及外部环境的变量时，可以考虑以资源依赖理论为出发点提出论文的研究假设、分析实证调研的结果。在以往的研究中，学者以资源依赖理论为依据，分析了企业并购、联合投资、董事会、政治行为、继任者计划等公司实践（Hillman，et al.，2009），其基本出发点均为：组织做出以上行为选择是为了从环境中获取资源，或者是减少对环境的依赖。

当然，对于一个在 40 多年之前产生的理论，我们也有必要深思其缺点与局限性。首先，从实质内容来看，资源依赖理论认为，环境导致了组织内部结构的变化，同时，组织内部结构的调整也会对环境产生不同于调整前的影响。而从理论的名称来看，“资源依赖”主要表达了外部环境对于组织的重要作用。因此，“资源依赖理论”这个名称并没有全面地传递其核心内容，至少对于初次接触该理论者有误导作用。

其次，资源依赖理论仅仅分析了资源的获取、控制与整合，并没有论及资源的生成。我们知道，资源依赖理论建立在权力理论和社会交换理论之上。通

① Hodge，M. M.，Piccolo，R. F.，2005. Funding source，board involvement techniques，and financial vulnerability in nonprofit organizations：A test of resource dependence. Nonprofit management and leadership，16（2）：171－190.

过市场权力，一个组织可以控制周围的环境。然而，组织的权力又是来自哪里呢？你可以说是来自对稀缺和重要资源的控制。但为什么该组织就能够掌握这种使其具有权力的资源呢？类似地，一个组织通过交换可以在市场上获得一定的独立空间（所谓减少依赖），那么该组织所用的交换物（对于他方来讲是有潜在价值的资源）来自哪里呢？对于这类问题，资源依赖理论并没有回答。实际上，这恰恰是 Pfeffer 和 Salancik（1978）所批评的教育学、人格心理学、社会心理学和组织行为学等学科试图回答的问题。

最后，资源依赖理论还不能被称为一种具有因果解释力的理论。组织内部结构与外部环境之间永远存在着紧张的互动关系，而不是非此即彼的关系。从这个意义上来讲，封闭系统与开放系统之争实际上是视角之争，因此，严格来讲，资源依赖理论只能被称为一种视角，而非纯粹意义上的理论。

主要参考文献

[1] Hillman, A. J., Shropshire, C., Cannella, A., 2007. Organizational predictors of women on corporate boards. Academy of management journal, 50 (4): 941 - 952.

[2] Hillman, A. J., Withers, M. C., Collins, B. J., 2009. Resource dependence theory: A review. Journal of management, 35 (6): 1404 - 1427.

[3] Hodge, M. M., Piccolo, R. F., 2005. Funding source, board involvement techniques, and financial vulnerability in nonprofit organizations: A test of resource dependence. Nonprofit management and leadership, 16 (2): 171 - 190.

[4] Pfeffer, J., Salanick, G. R., 2003. The external control of organizations: A resource dependence perspective. New York: Harper & Row Publishers.

[5] Xia, J., Li, S., 2013. The divestiture of acquired subunits: A resource dependence approach, Strategic management journal, 34 (2): 131 - 148.

[6] 肯·史密斯，迈克尔·希特，2010. 管理学中的伟大思想：经典理论的开发历程．北京：北京大学出版社．

后　记

我们是否应该改变现有学术活动的“游戏规则”

理论开发是学者个人的事情，但一个社会的整体学术水平则依赖良好的“游戏规则”，这些规则包括论文的评审规则、发表成果的奖励规则、学术社区的管理规则等。

从很多渠道得到的资讯来看，早期的学术活动具有更加明显的自为性质，即学者们开展研究更大程度上是出于个人的爱好或者好奇心，外在的激励作用对科学的影响相对较弱。时至今日，这种自为学术仍然被人们所津津乐道，现有学术活动的“游戏规则”基本是建立在自为学术的假定之上。

然而，我们必须面对的现实是，现代社会的学术活动具有更多的功利性质。功利学术在这里并非一个贬义词，它是一个中性词，它是指受到了外部环境的激励与约束的学术活动。功利学术意味着全球大学排名之于一所大学、期刊影响因子之于一本学术期刊、社会地位与物质回报之于一名研究者，都具有显著的引导作用，这会带来很大的副作用。对于这个事实我们不应该回避。当然，我们并不否认还有很多学者从事着自为学术的研究活动，但这不能成为维持学术社区现有“游戏规则”的理由。在这里，我们可暂时不去评估自为学术和功利学术究竟哪一个更有利于增加社会福祉。笔者的观点是，目前学术社区的“游戏规则”多出自自为学术的大背景，它们已难以适应如今的学术研究氛围。在不改变当今外部环境的情况下，现有学术社区的“游戏规则”必须做出调整。

现在已经有一些有价值的改变。比如，有学者提出（Coritina，2016）将论文的前言部分与方法部分分开进行评审，不因为研究结果未支持原有假设而拒绝一篇学术论文，这可以避免根据数据结果改变前言部分的写作的情况出现。*Management and Organization Review*（MOR）已经开始应用这个方面的评审政策（李绪红，贾良定，朱丹阳，2018）。这就是一项因应现代学术活动而做出的有益调整。

希望我们的组织管理研究越走越好！

图书在版编目（CIP）数据

组织管理十大经典理论：解读与应用/徐世勇著．--北京：中国人民大学出版社，2020.7
（管理研究方法丛书）
ISBN 978-7-300-28274-9

Ⅰ.①组…　Ⅱ.①徐…　Ⅲ.①组织管理学一研究　Ⅳ.①C936

中国版本图书馆 CIP 数据核字（2020）第 109625 号

管理研究方法丛书
组织管理十大经典理论：解读与应用
徐世勇　著
Zuzhi Guanli Shida Jingdian Lilun：Jiedu yu Yingyong

出版发行	中国人民大学出版社		
社　　址	北京中关村大街 31 号	邮政编码	100080
电　　话	010－62511242（总编室）		010－62511770（质管部）
	010－82501766（自营网店）		010－62514148（明德书店）
	010－62511173（销售部）		010－62515275（盗版举报）
网　　址	http://www.crup.com.cn		
经　　销	新华书店		
印　　刷	固安县铭成印刷有限公司		
开　　本	787 mm×1092 mm　1/16	版　　次	2020 年 7 月第 1 版
印　　张	9.5 插页 2	印　　次	2025 年 10 月第 4 次印刷
字　　数	202 000	定　　价	45.00 元